플로리스트
가이드북

FLORIST GUIDE BOOK

꽃집 창업 성공을 위한

플로리스트 가이드북

김정희 외 9명

플로라

공동저자

강성복
다육식물 마트 대표
(사)한국플로리스트협회 대전지회 교육위원
비봉꽃예술중앙회 사범
010.5057.4988

김성숙
플라워 디자이너
소상공인진흥원 컨설던트 (비법전문가)
화훼장식기능사 실기 심사위원
건양대학교 평생교육원 참살이 강사
010.6575.6840

김외숙
세림 원예 연구소 대표
(사)한국플로리스트협회 공인강사
(사)한국원예치료복지협회 원예치료사
미술치료사
010.6639.5048

김재영
피카소가 피었다 대표
비봉꽃예술중앙회 사범
010.9311.8811

김지연
아띠 플라워 디자인
(사)한국플로리스트협회 공인강사
소상공인진흥원 컨설던트 (비법전문가)
화훼장식기능사 실기 심사위원
(사)한국화원협회 대전지회 부지회장
010.5409.6455

공동저자

김정희
킹덤플라워&디자인스쿨
(사)한국플로리스트협회 공인교실, 공인강사
소상공인진흥원 컨설던트 (비법전문가)
국가자격 화훼장식기능사 실기 심사위원
지방기능경기대회 심사장, 심사위원
010.7610.1064

배길순
오로라 아트플라워 대표
비봉꽃예술중앙회 부회장
(사)한국플로리스트협회 대전지회 자문위원
화훼장식기능사 실기 심사위원
010.5403.5106

연희영
킹덤플라워 수석디자이너
비봉꽃예술중앙회 사범
건양대학교 평생교육원 참살이 강사
010.3204.4796

전현옥
둔산 꽃백화점 대표
(사)한국플로리스트협회 공인강사
소상공인진흥원 컨설던트(비법전문가)
화훼장식기능사 실기 심사위원
건양대학교 평생교육원 참살이 강사
010.5427.5425

차귀금
이지 플라워 대표
(사)한국플로리스트협회 공인강사
소상공인진흥원 컨설던트(비법전문가)
화훼장식기능사 실기 심사위원
대전 시민대학 교수
010.6516.2525

인사말

창업은 새로운 도전입니다!
아름다운 꽃으로 부가가치를 창출해 내는 플로리스트의 세계로 들어오신 여러분을 환영하며 새로운 도약을 준비하는 분들의 안내서가 될 이 책이 여러분의 새로운 직업 플로리스트로 가는 과정에 많은 도움이 되기를 바랍니다.

시작이 반이라는 말이 있듯이 이 책을 열고 꽃집 창업에 관심을 가지기 시작한 순간 이미 새로운 도전의 출발은 시작되었습니다. 꽃집은 여자들이 하는 취미생활의 연장이라고 생각하기 쉽지만 역량에 따라 혼자서 하는 작은 꽃집에서부터 전문 플로리스트의 고급 꽃집이 되기도 하고 전국 체인점을 만들 수 있는 대규모의 사업이 되기도 합니다.

꽃은 우리의 생활에서 무관할 수 없는 필수 아이템으로 웰빙을 추구하는 현대인들에게 산소 같은 역할을 하고 있으며 꽃집 사업은 아름다움과 향기를 동반한 문화 사업으로 자리매김해 나가고 있습니다. 꽃집은 사랑과 감사와 축하, 애도의 마음을 전해주는 매개체로서 우리의 생활 전반에 꽃과 식물로 공간장식을 해주는 아름다운 소비로 건전한 사회풍토를 만들어 갑니다.

예쁘게만 보이는 꽃집도 들여다보면 힘든 일 어려운 일도 있지만 시스템이 좋아진 요즘은 시스템을 활용하는 방법으로 대체할 수 있어 운영상의 묘미가 되기도 합니다.

이 책은 여러분에게 올바른 길잡이가 되어드리기 위해 꽃집창업 10년 이상의 경영주이며 꽃꽂이 강사로도 현재 활동중인 10명의 플로리스트의 경험과 생생한 노하우를 집약하여 담았습니다. 어떤 일이든지 처음 시작하기는 어렵지만 시간이 지나며 차차 익숙해지기까지는 본인의 노력과 인내가 필요한 일이니 서둘지 말고 차분히 하나씩 배워나가길 바랍니다.

항상 배우는 자세로 최신 트렌드에 민감하고 유행에 앞서가면서 사업에 매진하면 고객 감동을 통해 일에서 성취감을 느낄 수 있으며 자신이 하는 일에 만족하고 즐기게 될 것입니다.

노력하는 것 만큼 성과는 나타나는 것입니다. 남을 행복하게 해주며 돈을 벌 수 있는 일, 플로리스트로 꽃집창업에 성공하기를 기원합니다.

2014년 1월 저자 일동

c o n t e n t s

인사말
/ 6

CHAPTER 01
꽃집 창업의 현황

1. 꽃집 창업의 현황 / 12
2. 자영업 꽃집의 특성 / 13
3. 꽃집을 준비하는 나의 성향과 자질 분석 / 14

CHAPTER 02
창업 준비

1. 꽃집의 유형 / 18
2. 장소 및 사업자 등록 / 28
3. 자금 준비 / 30

CHAPTER 03
업무 파악하기

1. 꽃집 업무 / 34
2. 업무에 필요한 기본적인 비품 / 36
3. 실무에 필요한 기본적인 도구 및 물품 / 37

CHAPTER 04
상품의 종류

1. 생화 / 40
2. 난 / 49
3. 관엽 식물 / 59
4. 화분 & 소품 / 60
5. 실내 정원 / 66
6. 선인장 & 다육식물 / 72
7. 야생화 / 78
8. 아트 플라워 / 82

CHAPTER 05
매장 인테리어

1. 실내 인테리어 / 86
2. 작업 공간과 접객 공간 / 88

CHAPTER 06
자격증 및 교육

1. 자격증의 종류 / 92
2. 교육 기관 / 93

CHAPTER 07
상품 디자인

1. 일반 행사 상품 / 96
2. 차별화된 디자인 / 98

CHAPTER 08
직원모집 및 배송관련

1. 직원 모집 / 102
2. 배송 관련 / 103

CHAPTER 09
마케팅 / 106

CHAPTER 10
상품 구입

1. 생화의 유통과정 / 110
2. 전국 꽃도매 상가 / 111

CHAPTER 11
시즌 상품 준비

1. 시즌 상품 준비 / 114
2. 월별 행사 / 115

CHAPTER 12
체인점 이용 / 118

CHAPTER 13
경영과 관리

1. 경영 / 122
2. 관리 / 126

CHAPTER 14
성공 노하우 / 130

CHAPTER 01
꽃집 창업의 현황

1. 꽃집 창업의 현황

2. 자영업 꽃집의 특성

3. 꽃집을 준비하는 나의 성향과 자질 분석

1. 꽃집 창업의 현황

창업을 구상하고 있는 예비창업자들은 누구나 미래의 희망과 함께 새로운 일에 대한 두려움이 있을 것이다. 그러나 서두르지 말고 충분히 구상하고 꾸준히 정보 수집을 하며 계획을 세워가면서 새로운 도전에 대한 자신감과 긍정적인 마인드로 시작한다면 반드시 원하는 창업에 성공할 것이다.

창업아이템을 선정할 때는 자신이 좋아하는 일이나 취향에 맞는 직종을 찾는 것이 유리하다. 처음 접하는 직종이라도 일은 즐기듯이 하면서 이해하고 배워나가야 적응하기 쉽고 본인이 그 일을 좋아해서 직업에 대한 자긍심과 만족도가 높아 질 때 사업도 성공할 수 있다.

꽃집은 서비스업이면서 웰빙을 추구하는 문화 사업이다. 문화가 변화되며 발전해가는 속도에 발맞추어 점점 다양한 유형의 꽃집들이 생겨나고 있고 소비자의 안목도 인터넷을 통해 앞서가고 있는 추세이다. 주변을 돌아보면 도심에서나 외곽지역이나 꽃집이 쉽게 눈에 뜨이는 것을 볼 수 있는데 이것은 우리의 생활 속에 꽃이라는 매개체가 생활화되어 이미 들어와 있기 때문이다. 국민소득이 높아지고 문화수준이 높아지면서 생활에서 꽃과 자연이 차지하는 비중이 높아졌기 때문에 꽃집은 대형건물이 생기면 따라서 입점할 정도로 수요가 많아졌다. 이제 꽃집은 생화나 분화를 판매하는 데에 그치던 예전과는 달리 전문화, 분업화 등을 통해 온라인 매장이나 특정 상품 전문점과 같이 규모와 형태가 다양한 자영업으로 발전하고 있다.

꽃집창업은 소자본으로도 할 수 있고, 개인이 혼자서도 운영이 가능하다는 것과 대형매장에서 미니 점포까지 선택의 폭도 다양한 특징 때문에 많은 사람들이 창업을 고려할 때 우선적으로 생각하는 창업 아이템들 중 하나이다.

하지만 꽃집 창업은 보이는 것 보다 더 꼼꼼하고 세심한 준비가 필요하다. 늘 싱그러운 식물과 함께 하는 이미지와는 달리 섬세한 식물들을 잘 관리하는 데에는 많은 노력과 기술이 필요하며, 개인 사업장을 운영하는 데에 있어서 손이 가는 일이 많이 있기 때문이다. 하지만 꽃을 상품화 하는 과정과 판매와 관리법 등을 배우고 익힌 후 전문가의 길에 들어서게 되면 자신이 좋아하는 일을 하면서 노후에도 활동할 수 있는 평생 직장을 가지고 플로리스트로서 멋진 인생을 살게 될 것이다.

2. 자영업 꽃집의 특성

꽃집은 다른 사업에 비해 준비 절차가 비교적 간단하다고 볼 수 있다.

자격증의 유무와 상관없이 세무서에 신고하는 것만으로 사업자 등록을 할 수 있다. 운영하는 사업주의 유형에 따라 꽃집은 면세, 간이, 일반 사업자로 나뉜다. 대부분의 꽃집들은 생화를 취급하는 소매점으로 등록하는데, 이 경우 부가세 면제 대상이므로 일 년에 한 번 사업장 현황 신고를 하고, 종합소득세만 납부하면 된다.

취급하는 품목이 생화이기 때문에 꽃의 취급상의 관리와 판매는 매우 중요한 사항이며, 창업의 성공 여부에는 사업주의 의지와 노력이 가장 절대적인 영향을 미친다. 사회 전반적인 생활 수준이 높아지면서 꽃은 유행과 상관없는 생활의 필수 아이템 중 하나로 자리 잡았기 때문에 실직자의 연령대가 점점 낮아지는 것이 심각한 사회문제가 된 이 시대에 꽃집 운영은 아름다운 꽃을 가꾸고 상품을 만들면서 스스로 즐길 수 있는 직업이다. 꽃집은 장소와 업무 시간을 마음대로 정할 수 있으며, 소규모 일인 사업주 형태에서부터 규모가 큰 도매업까지 사업 형태에 대한 선택의 여지도 넓다.

본인의 역량과 성향에 따라 정년 퇴직이 없는 아름다운 직업을 가질 수 있는 일이 꽃집 창업이다. 나이가 들어가면 취미 생활처럼 할 수도 있으며, 적극적인 마인드로 경영하면 자신의 상호를 단 가맹점까지 낼 수 있는 장래성 있는 사업도 될 수 있다.

3. 꽃집을 준비하는 나의 성향과 자질 분석

우리는 스스로 즐길 수 있는 일을 할 때 가장 능률적으로 일을 할 수 있고, 자신감과 성취감을 느끼는 행복한 일상을 보낼 수 있다. 아름다운 꽃을 다루는 일도 꽃을 좋아하고, 식물 가꾸는 일을 재미있게 즐겨야 성공하기가 쉽다. 단순히 돈을 벌기 위해서 꽃집을 운영하기에도 본인이 직접 모든 일들을 도맡아 하기는 힘들 것이다. 이런 경우에는 경영과 실무를 분할하여 매장에서 업무를 처리할 수 있는 직원을 따로 둘 수 있다.

하지만 최근에는 여러 종류의 시스템이 발달하여 일인 사업장으로 운영하는 것도 어렵지 않다. 우선 꽃집 창업을 위해 자기 자신이 일을 하는데 있어서 지루해하지 않고, 평생직장으로서 일할 수 있을지를 심도 있게 생각하고 판단하는 시간을 갖는 것이 중요하다.

본인의 취향과 적성에 맞으면서 수익을 창출할 수 있는 행복한 일터를 갖는 것이 최상의 선택이 아닐까 생각하며 몇 가지 질문을 통해 본인의 꽃집 경영주로서의 성향과 자질을 알아보자.

〈꽃집을 준비하는 나의 성향과 자질 분석〉 ☑

- 당신은 꽃이나 식물을 보며 예쁘다고 느껴 본 적이 있나요? ☐
- 대인 관계가 좋은 편입니까? ☐
- 키우는 식물에게 물을 주며 말을 해보기도 했나요? ☐
- 남을 배려하는 마음이 넓은 편인가요? ☐
- 창업에 성공하기 위해서는 관련된 지식이나 상식을 다른 사람들보다 빨리 익혀야 된다고 생각합니까? ☐
- 평소 부지런하고 활동적인가요? ☐
- 처음 보는 사람들과도 편하게 대화할 수 있는 편인가요? ☐
- 약속을 잘 지키는 편인가요? ☐
- 내가 창업하면 도와줄 사람이 몇 명이나 있다고 생각하십니까? ☐
- 가까이 지내는 선후배나 지인이 많은 편인가요? ☐
- 일을 하면 쉽게 지치거나 싫증을 빨리 느끼시나요? ☐
- 실무를 모르면 빨리 배워서 시작하면 된다고 생각하십니까? ☐
- 언제 배워서 익히나 걱정부터 되십니까? ☐
- 능력 개발에 필요한 자격증을 따야겠다고 생각하십니까? ☐
- 영업 활동을 했던 경험이 있는지요? ☐
- 상대방을 즐겁게 해줄 수 있는 유머 감각이 있는 편인가요? ☐
- 영업을 위해 상대방의 비위를 거스르지 않고 상담이나 판매를 할 자신이 있나요? ☐
- 창업에 관련된 박람회나 강좌에 참여해본 적이 있나요? ☐
- 뭐든 필요한 것은 스스로 찾아서 하는 편인가요? ☐
- 최신 트렌드에 민감한 편인가요? ☐
- 새로운 것을 배우는 것에 두려움보다 재미를 더 느끼는 편인가요? ☐
- 창업 성공을 위해 어렵고 힘든 일도 극복할 수 있다고 생각하십니까? ☐

본인의 성향이 긍정적인 마인드로 60% 이상 판단되었다면 꽃집 창업을 준비하면서 먼저 상품 제작을 배우기 시작하고 배운 것(꽃다발, 꽃바구니 등)을 미래의 고객이 될 지인들에게 홍보용으로 선물하기 시작하자.
이것이 내 사업의 순조로운 출발이 될 것이다.

CHAPTER 02
창업 준비

1. 꽃집의 유형

2. 장소 및 사업자 등록

3. 자금 준비

1. 꽃집의 유형

가. 꽃집의 형태

창업을 준비하면서 어떤 형태의 꽃집을 할 것인가는 제일 먼저 결정해야 할 부분이다. 플라워 숍, 꽃집, 꽃방, 화원花園, 모두 꽃을 취급하는 자영업의 명칭이고 어감의 차이가 있을 뿐 모두 같은 말이다.

본인이 어떤 유형의 매장을 생각하는지 상호와 함께 어울리는 것을 선택하여 사용한다. 플라워 숍은 고급스럽고 전문가적인 느낌을 주고 꽃방은 아기자기한 여성적인 느낌을 주며, 꽃집이나 화원은 남자가 하는 사업으로 느껴지고 농원, 농장, 식물원은 규모가 있는 하우스 매장 같다. 상호를 정할 때 유행어를 선택하는 건 모험일 수 있으니 신중해야 한다. 대부분 창업자들은 생화 소매로 시작한다.

생화 종류를 모두 취급하는 것을 뜻하는데 여기엔 절화(꽃), 초화 류, 관엽 식물, 난, 등 살아있는 식물 중 판매 가능한 모든 것이 들어있으며 판매 품목의 선택은 사업자의 선택이니 취급하고 싶은 것만 선택해도 상관없다. 대부분은 운영하면서 취급 품목이 조금씩 늘어난다.

나. 사업자의 형태

개인사업자　개인이 하는 매장으로 혼자서도 창업이 가능하며 창업자금 준비에 큰 부담이 없다. 매출에 의한 이익금에 대한 소득은 개인 소득세로 지불한다.

공동 사업자　두 명 이상이 함께 사업을 하면서 합자회사가 되면 일을 분담하여 처리할 수 있으며 효율적인 운영을 할 수 있다.

법인 사업자　주식회사는 이익에 대한 세금을 부과하고 이익은 주식을 소유한 주주에게 지분에 따라 분배된다.

통신 판매 사업　온라인을 통한 인터넷 판매를 주목적으로 판매한다면 사업자등록을 낸 다음 주소지의 관할구청에서 통신판매 신고를 한다.

다. 소매판매업의 형태

판매방법에 따른 분류

1) **노점형**: 통행량이 많은 거리에서 좌판, 손수레, 차량에서 판매하는 형태며 손질하지 않은 채 팔거나, 간단한 포장을 곁들여 판매한다.

2) **점포형**: 가장 일반적인 형태이며, 진열 매장형과 서비스형이 있다. 진열 매장형은 넓은 면적의 매장에 분식물과 꽃바구니 등을 파는 형태이고, 꽃 냉장고 등에 꽃을 진열하여 고객이 선택할 수 있도록 하고 있으며, 주문, 예약 등을 위주로 운영한다. 진열 매장형과 서비스형의 중간형도 있다.

3) 농장 직매장형: 도심에서 벗어난 지역에 위치하며, 넓은 매장에서 자체적으로 생산한 상품이나 타지에서 들여와 손질한 상품을 도매형태로 저렴하게 판매하는 방식이다.

4) 무점포형: 전화 또는 인터넷을 이용하여 판매하는 형태로 상품을 직접 진열하지 않는 사무실형과 카탈로그나 광고들을 통해 수주를 맡은 다음 하청을 주는 형태의 통신판매형, 매장 없이 사무실에서 의뢰받아 배달하는 가정배달형, 출장 위주로 영업하는 공사 위주형 등이 있다.

5) 복합형: 위의 형태 중 어느 한 형태의 비율을 60%를 넘지 않고 여러 형태를 복합하여 운영하는 형태이다.

취급 형태에 따른 분류

1) 전문점: 특정 품목만 전문적으로 취급하는 형태로 절화, 관엽식물, 난, 분재, 실크 플라워 등이 있으며, 절화의 용도에 따라 연회, 결혼식, 장례용 등의 행사 공간이나 디스플레이 등 특정한 장소의 장식을 전문으로 하는 전문점이 있다. 현재 전문점은 국내의 경우 많지 않지만, 외국의 경우 상당히 비율이 높은 편이다.

2) 일반 소매점: 일반적으로 볼 수 있는 꽃집 형태이다. 꽃다발, 꽃바구니, 코사지 등의 생화 판매 비중이 크고 작은 화분, 조화 등의 다양한 상품 등을 취급한다.

3) 종합 원예점: 규모가 크고 꽃 백화점이라고 할 수 있는 형태로, 고객이 원하는 꽃과 서비스, 기타 꽃과 관계된 모든 꽃 상품을 취급한다.

경영방식에 따른 분류

1) 직영점: 가장 일반적인 경영방식으로 점포를 독자적으로 경영하는 단일 점포와 동일한 상호로 여러 곳에 분점을 차리고 직영하는 다중 점포가 있다.

2) 프랜차이즈 체인점: 본부와 가맹점으로 종적 연대의 관계를 갖고 있으며, 가맹점이 독립 기업이면서도 본점과 동일한 상호와 상품을 취급하며 본점으로부터 경영지도를 받고 로열티를 지불하는 공생관계를 갖는 사업 결합체이다.

3) 협력점: 특정 로고를 중심으로 연합체를 형성하여 동등한 입장에서 상호 간 협력하면서 경영하는 방식과 통신 배달업체에 가맹한 꽃집들이 화원들 상호 간에 협력에 의해 운영하는 방식이다.

4) 총판점: 수입 꽃이나 특별한 꽃이나 자재를 수입하거나 노하우를 가진 회사에서 특정한 꽃집과 총판권에 대한 계약을 맺고 상품을 공급하거나 서비스를 제공하는 형태이다.

꽃집의 위치에 따른 분류

1) 독립건물 플라워숍: 말 그대로 독립된 건물에서 단독으로 꽃집을 하는 경우이다. 보통의 다른 숍보다 눈에 띄어 간판에 의한 광고효과도 볼 수 있으며, 매장 앞에 상품을 내놓을 수 있으니 판매로 이어지는 홍보효과를 볼 수 있다. 지나가던 길에 잠시 주정차하여 구매하기에도 접근성이 좋다. 독립공간이라 개, 폐점 시간이 자유로우나 일정한 시간대를 정하는 것이 좋고 휴일도 정해놓고 쉬는 것이 좋다.

또한 독립 건물의 입지조건에 따라 숍의 분위기를 일반 꽃집과 다르게 디스플레이 형태를 모던하게 꾸미고 블로그나 쇼핑몰을 통해 예약제로 운영하여 개인별 맞춤식 디자인을 추구하는 형태의 숍. 소규모의 원데이 클래스를 병행하기도 한다.

2) 주상복합 상가: 사무실용 빌딩이나 주상복합 상가에 있는 형태로 다른 형태보다 유리한 점은 빌딩이나 상가에 거주하는 사람들로 인하여 확실한 고객층을 확보할 수 있다는 점이다. 대형 건물의 일부로 자리를 차지하고 있기에 예쁜 간판 보다는 눈에 띄는 간판을 하는 것이 건물 내에 플라워 숍이 있음을 알리고 외부에서 찾아오기가 좋다.

3) 백화점. 쇼핑센터. 슈퍼마켓 등의 꽃집: 고객의 발길이 많이 오가는 곳이기에 상품의 진열 효과로 매출 증대를 기대할 수 있으며, 생화뿐만 아니라, 선물용품, 소품, 등 쉽게 구매하기 좋은 작은 상품 등이 많이 나간다. 특별히 홍보를 하지 않더라도 입지 조건상 고객이 끊이지 않는 장점이 있다.

4) 공연장 및 전시장 주변에 위치한 꽃집: 행사가 많은 곳에 유치하여, 기본적인 영업에 추가 매출을 기대할 수 있으며 주로 축하용 꽃다발과 꽃바구니 등의 절화 위주의 상품이 많이 소비되며 행사가 있을 때는 저녁 늦게까지 영업하게 되고 오전 시간은 한가한 편이라 오픈은 늦게 시작하여 오후 늦게 폐점한다.

5) 중·대도시의 중심상가 지역: 다양한 상품의 판매가 이루어지는 지역의 특성상 비교적 매출이 높은 지역이라는 장점이 있으며, 절화 위주의 꽃다발이나 꽃바구니의 비중이 크다. 또한 유행에 민감해서 트렌드에 유념하여야 하고 포장기술, 독특한 디자인 등의 작품성이 있는 상품이나 연출 기술이 뛰어난 상품들이 잘 팔리는 특징이 있다.

6) 중·대도시의 외곽지역: 임대료가 저렴하여 넓은 매장, 저렴한 가격, 편리한 주차시설 등의 장점이 있고, 도·소매의 복합기능을 갖고 있는 농장형과 도매형이 많으며, 중

심가의 꽃집과 연대하여 운영되는 대행형 등이 있다. 식물의 종류가 다양하게 구비되어 있어야 하며 수량도 많이 보유하고 있는 편이라 대량 판매가 이루어지기에 유리한 조건이 될 수 있다. 반면 늦은 시간까지 방문 고객이 들기는 어려운 여건이라 일찍 시작하고 일찍 퇴근할 수 있다.

7) 아파트, 주택가 꽃집: 생화와 화분 식물의 판매가 주를 이루고 있으며, 포장, 장식기술과 함께 식물관리 등에 관한 지식을 갖추고 있어야 한다. 계절의 변화에 빠르게 식물을 바꿔주며 분갈이에 필요한 것들을 구비하여 판매하는 것이 좋다. 때로는 주민들의 사랑방 같은 역할을 할 정도로 주민들과의 친분이 두터워야 운영의 묘미가 생기기도 한다. 대로변에 위치한 꽃집이 아니라도 골목 안의 예쁜 숍들도 많이 생겨나서 내방고객의 판매보다 주문 위주의 판매방식으로 운영하기도 한다.

8) 사무실 건물 지역: 큰 매장보다 작은 매장이 많고 자투리 공간을 활용해서 사용하는 매장들도 있다. 전화에 의한 주문 판매가 많으므로, 상품의 사진과 카탈로그를 사용하는 경우가 많고, 신용에 의한 거래가 중요하다.

사무실 밀집지역 주변 매장의 고객층은 사무실 직원들이므로 사무실들과 같이 평일엔 바쁘지만 시간적인 여유는 좋은편이라 대체로 다른 곳보다 상가임대료가 비싼 편이다. 고객층에 따라 오전 9시에 오픈하고 오후 9시경까지 근무하는 체제로 운영하면서 사무실이 쉬는 공휴일에 같이 쉴 수 있는 장점이 있다.

9) 학교 주변 지역: 초·중·고등학교의 환경정리에 필요한 절화 및 분화의 소비가 꾸준히 일어나지만, 방학기간동안 판매량이 줄어드는 단점이 있다. 등교하기 전에 오픈해야 일찍오는 고객을 맞을 수 있다. 대학가는 각종 행사가 많은 편이라 소비의 확산이 빠를 수 있으니 꽃 외의 다른 업종과 함께 숍 인 숍으로 운영해도 좋다. 예) 수제 케이크과 플라워, 커피숍, 기프트숍, 악세사리 등…

10) 호텔의 꽃집: 호텔에 부속되거나 분양된 꽃집으로 대부분 호텔에서 행하는 연회장 장식, 홀장식, 객실이나 식당 등 호텔의 내부 장식을 분식물과 절화 위주로 사용하고 있다. 매장은 넓지 않아도 작업공간은 필요하며 일정 액의 수익이 보장되는 이점이 있다. 외국인의 내방이 많은 호텔의 경우는 각국의 꽃 문화 특성을 이해하여 그에 적응할 수 있는 능력이 있어야 하며 외국어도 가능해야 한다.

11) 갤러리형 꽃집: 건물 전체를 갤러리 형태로 사용하며 출입이 편한 일층은 플라워숍으로 일반 판매를 목적으로 사용하며 이층에는 수준 있는 작품을 진열하거나 고가의 상품을 배치하여 맞춤형 작품을 주문 제작한다. 꽃꽂이를 지도할 수 있는 수준이 되는 경우 레슨을 함께 진행하면 잠정적으로 고객 유치를 할 수 있는 마케팅이 이루어진다.

12) 숍 인 숍 스타일의 플라워숍: 아파트 밀집 지역이나 오피스타운에선 차와 케이크을 함께 판매하는 플라워 카페가 인기 있고 장식용품 매장에서 아트플라워를 함께 판매하는 경우도 많다. 꽃과 함께 숍 인 숍을 운영할 수 있는 품목은 자세히 돌아보면 쉽게 찾을 수 있다. 플라워숍에서 케이크이나 떡을 곁들인 카페를 하기도 하며 수제 초콜릿 & 플라워, 와인 & 플라워, 네일 & 플라워를 접목하기도 한다. 또한, 공방 형태로 꽃과 도자기를 함께 취급하면 서로 어울려지는 상품을 만들기도 좋으며 그 외에 냅킨아트, 포크아트, 비즈공예, 퀼트, 리본공예, 초크아트, 클레이 공예 등 핸드메이드를 기본으로 하는 공방에 꽃이 함께 있으면 매출과 디스플레이, 양면으로 효과가 있다.

2. 장소 및 사업자 등록

플라워시장은 특히 수요계층의 라이프사이클이나 직업의 영향을 많이 받고 있으며 도시와 지방의 지리적 특성에 따라서도 매출의 편차가 크게 나타나기 때문에 매장의 입지조건이 까다롭다. 플라워 시장의 분포집단을 크게 나누면 오피스 주변, 학교나 병원 주변, 쇼핑몰이나 백화점 입점, 도시 중심가등이 있다. 장소를 정할 때는 어떤 컨셉의 꽃집을 할 것인지 결정하고 그에 알맞은 장소를 구하는 것이 좋다.

매장의 위치, 크기 등 입지 조건에 따라 가격의 차이가 많으므로 원하는 곳이 있다면 자주 근처를 돌아보며 임대조건을 알아보고 찾아봐야 한다. 신축 건물이라면 권리금이 없지만, 기존 상권이 형성되어 있는 곳이라면 임대료 외에도 시설비나 권리금이 있기 때문에 준비된 자금에 합당한 곳을 찾아야 한다. 준비된 자금에 맞추어 좋은 장소를 찾기 위해선 부지런히 여러 곳을 다녀 보아야 하고 예상된 곳이 있으면 몇 번씩 둘러보고 마땅한 자리가 없으면 미리 부동산에 부탁해서 기다렸다가 마음에 드는 곳으로 정하는 것도 방법이다.

사람들의 왕래가 편한 곳이 좋은 장소가 될 수 있고 유동인구가 많은 곳이 좋은 장소가 될 수 있으며 관공서 주변이 좋은 장소가 될 수도 있다. 직장생활을 하면서 퇴직 후의 사업을 미리 생각하는 분들은 창업 후 유치고객층의 유동성도 고려하는 것이 좋다. 혼자 준비하는 창업이라면 집에서 너무 먼 거리보다는 이동성이 편한 곳으로 찾는 것도 시간을 벌 수 있는 방안이 될 것이다. 우선은 사업주의 여건에 맞는 장소를 생각해보고 위치를 선정하는 것이 바람직하다.

〈매장선정 시 반드시 체크해야 할 사항〉

◆ **지역**
    1) 유동인구 파악
    2) 인근 동종업체의 영업유형
    3) 상권 내 세대수와 소득상태
    4) 해당지역의 발전가능성

◆ **점포**
    1) 매장의 크기
    2) 도로와의 인접성
    3) 주차장
    4) 인테리어 외 설비관계

◆ **기타**
    1) 대중교통의 근접성
    2) 유동인구의 특성
    3) 횡단보도 및 도로에서의 근접성
    4) 매장 전면의 노출성
    5) 도시계획상 문제점이 없는지 확인

〈사업자 등록〉

점포를 임대하게 되었으면 그 주소지의 관할 세무서 민원실에서 사업자등록신청을 한다. 개인사업자는 임대계약서와 신분증을 지참하여 민원실에서 신청서를 작성한다. 공동사업자인 경우 동업계약서와 각자의 인감증명서, 신분증 사본, 임대계약서를 준비해가서 신청서를 작성하여 내면 된다.

꽃집은 신고제이므로 비교적 쉽게 행정절차가 끝나고 비용도 발생하지 않는다. 사업자는 부가세 면세, 간이, 일반으로 나누어지는데 연간매출액 4800만원 미만이면 부가세면세나 간이에 해당하므로 세금의 걱정은 크게 안 해도 된다.

스마트폰에서 세금계산시스템 앱 '세두리'는 소규모 자영업자들로 하여금 부가가치세(간이과세자)와 종합소득세(단순 경비율 및 간편장부대상자)를 쉽고 간편하게 계산을 할 수 있도록 무료로 도와준다.

3. 자금 준비

꽃집창업은 다른 업종에 비해 비교적 적은 비용으로 창업이 가능하다. 그러나 그것은 꽃집의 유형에 따라 달라지는데 점포의 위치, 규모, 상품내용 판매방식에 따라 차이가 많이 날 수 있다. 창업준비는 본인이 준비되는 자금 내에서 계획하는 것이 좋으나 도움이 필요할 경우 내 조건에 맞는 정부지원금이나 대출을 받을 수 있는 기관이 있는지 알아보도록 한다.

비용 산출항목은 다음과 같다.

점포 임대료   입지 여건에 따라 가장 많은 비용이 들어가는 부분이다. 관공서가 밀집되어 있는 시내 중심지가 대체로 임대료가 비싼 편이다. 어떤 컨셉의 꽃집을 할 것인지를 결정하면 준비된 자금 내에서 알맞은 자리를 선택한다.

권리금   신축건물이라면 없는 것이지만 기존 상가건물의 점포는 거의 권리금이라는 것이 관행상 인정되어 거래되고 있다. 장소적 이점이나 영업 허가권의 대가로 전 임차인이 권리를 양수하는 대가로 요구하는 금액이다. 금액의 산출근거가 없는 무형의 권리금은 법적으로 인정받지는 못하므로 계약 시 신중해야 한다.

인테리어 비용   수도, 냉난방 등의 설비를 포함하여 상품을 진열할 진열대, 선반, 벽 장식을 한다. 영업을 하다 보면 한번쯤 위치를 옮기거나 다시 할 일이 생길 수 있으니 처음부터 인테리어에 큰 지출은 말고 사용하면서 필요한 부분을 보완하고 상품으로 디스플레이한다.

물건 구입비 상품으로 사용될 관엽식물, 난, 화분, 생화, 조화의 구입 비용은 매장의 크기에 비례하지만 시설이 완비된 상태에서 개업 때는 여유 있게 준비한다.

집기 비품비 에어컨, 난로, 컴퓨터, 전화, 팩스, 프린터, 등과 사무용품을 비롯한 소모품

판매 촉진비 홍보용 책자, 명함, 봉투, 등

운영자금 등 직원급료, 초기 물품구입자금 등 3~6개월 정도의 운전자금이 필요하다.

이상의 항목을 이해하고 창업계획서를 작성해본다.

창업업에 필요한 종합적인 계획사항을 문서로 작성해보자.

지출 비용에 감가 상각비(20%)를 포함한다.

창업계획서 작성 요건 (예)

① 창업자	경력사항
② 창업 개요	동기 및 각오
③ 점포현황	장소: 상권 및 점포입지
④ 취급품목	생화, 화분
⑤ 자금 조달 계획	(임차보증금, 권리금, 시설비, 초도물품구입비, 개업비용), 본인의 자기자금, 외부 차입금 (정책자금, 부동산, 지인 등) 상권 내 업종 현황 및 마케팅 전략 – 동 업종 현황 및 경쟁업체 분석 마케팅 차별화 예비 고객, 관심고객 섭외하기 (지인, 블로그, 광고) 신규고객 확보 및 유지 계획
⑥ 매출액 추정	매출액 (일 매출액 X 월 영업일) X 12
⑦ 지출액 추정	재료비, 부자재, 소모품, 인건비, 임차료, 수도, 광열, 공과금, 이자 (대출금), 감가 상각비 (총 시설투자비 ÷ 60개월)

손익분기점: 손실도 이익도 발생되지 않은 상태 즉 매출액이 그 이하로 감소하면 손실이 나며, 그 이상으로 빨리 파악하여 이익을 가져오는 기점을 가리킨다.

- 손익분기점 매출액 = 고정비 / (1−(변동비/매출액))

CHAPTER 03
업무 파악하기

1. 꽃집 업무

2. 업무에 필요한 기본적인 비품

3. 실무에 필요한 기본적인 도구

1. 꽃집 업무

플로리스트는 고객의 욕구를 잘 파악하고 그에 맞는 욕구를 충족시켜줄 생화, 조화, 화기, 그 이외의 꽃과 관련된 상품과 상품의 서비스를 계획하고 적절한 가격을 결정하여 제공함으로써 고객에게 만족을 주고 아울러 매출과 이익을 얻는 경제활동을 한다. 플로리스트의 업무는 단순히 상품을 만들어 판매하는 것에서 그치지 않는다. 매장의 규모에 따라 다르겠지만 해야 할 일, 알아야 할 일의 범위가 넓다. 직원이 없는 매장은 혼자 모든 일을 다 감당해야 하므로 창업 전에 플라워 디자인, 상품제작, 식물관리 등 틈틈이 익혀야 할 것들을 배워두어야 한다. 규모가 큰 매장은 능률적인 업무 분담을 위해 몇 명의 직원이 필요하다.

일지 작성   하루의 일을 점검하고 스케줄 등을 기록하는 것이 업무일지이다. 식물 물 주기, 상품관리, 고객관리 등 매장에서 일어나는 모든 일을 기록한다.

수 발주 업무   주문 받는 상품의 수주와 발주를 기록한다.

배송업무	주문 받은 상품을 받는 고객에게 전달해주는 업무
입출금관리	매입 매출의 금액 관리와 통장정리
가격책정	판매가=재료비+인건비+경영비+이윤
고객리스트	고객의 대상이 될 사람들의 리스트를 작성해 본다 방문고객과 수발주를 통한 고객, 잠재고객도 대상에 둔다.
고객관리	고객명단을 작성하여 기념일, 생일 등과 거래내용을 관리한다.
상품리스트	취급할 상품을 품목별로 작성한다. 차후 잘 팔리는 것과 비인기상품을 비교 할 수 있다.
상품관리	품목별로 정리하여 입고, 출고, 상태 등을 관리한다.
매입관리	주기적으로 매입하는 상품을 월별로 관리한다.
매출관리	매일의 매출을 월별로 관리한다.
직원관리	직원을 채용할 때는 고용계약서를 작성하고 서로 신뢰를 가지고 시작하도록 한다. 꽃집 업무시간이 긴 편이어서 근무시간을 조율하여 명시하는 것이 좋고 일정금액을 퇴직금으로 따로 관리해 두어야 나중에 분쟁의 소지를 피할 수 있다. 사대 보험에 가입을 하면 오히려 관리가 쉬울 수도 있다.
세무 관리	매입 영수증, 세금계산서와 매출 때 발행한 계산서, 카드전표, 현금영수증을 월별로 관리 보관한다. 매장업무에 관련된 업무상의 지출영수증도 보관 관리한다 예) 차량 연료비, 관리비 등

2. 업무에 필요한 기본적인 비품

리본프로그램
(선택)
선물용 상품에 사용되는 경조사글씨를 리본에 쓰는데 필요하다. 프로그램 제작사에 따라 사용 할 수 있는 프린터가 다를 수 있으니 프로그램을 어느 회사 것을 선택할지 정한 다음 그에 맞는 프린터를 준비하는 것이 좋다. 본인이 글씨를 잘 쓰면 프로그램이 필요치 않으므로 선택 품목이다. 리본프로그램에서는 고객관리, 장부정리를 할 수 있도록 된 제품도 있으니 잘 살펴 보고 선택하여 활용하면 업무가 원활해진다.

꽃 냉장고
(선택)
생화를 보관하기 위해 제작되는 냉장고이며 전문회사에 의뢰해서 제작한다. 여름철엔 생화를 신선하게 보관할 수 있고 상품을 만들어 진열하기도 한다. 매장의 규모가 적은 곳이나 유럽풍의 인테리어를 추구하는 꽃집에서는 꽃 냉장고를 놓지 않고 꽃을 자주 구입하여 사용하기도 한다.

컴퓨터와 프린터 팩스와 전화, 책상, 작업대, 싱크대, 카드 체크기, 배달용 차량 (필수)

3. 실무에 필요한 기본적인 도구 및 물품

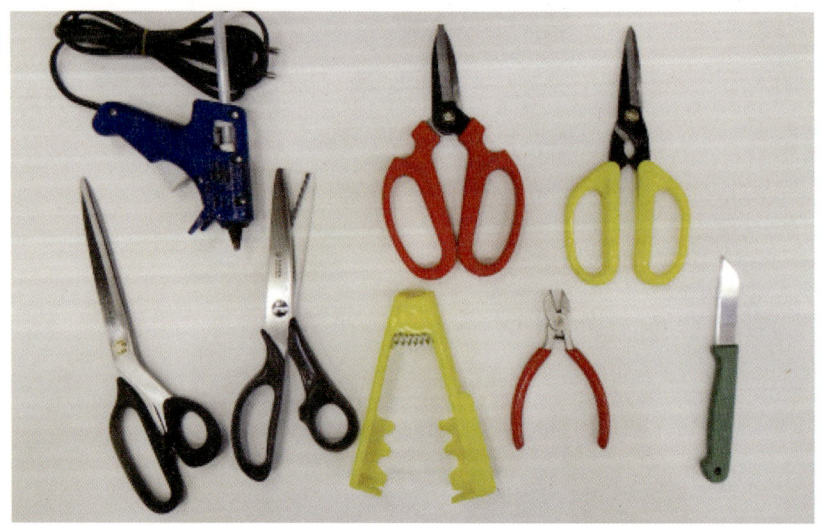

글루건, 가위, 니퍼 등

바구니

모종삽, 장갑, 호스 등

리본

화분받침

포장지

원예용 화기

장식돌

물통	생화를 담을 도구, 유리병이나 화기를 사용하면 꽃이 훨씬 예쁘게 보인다.
꽃 가위	꽃과 나무를 자를 때 사용
플라워 나이프	꽃을 자를 때 사용하는 작은칼
가시제거기	장미 가시나 잎을 제거하는 도구

글루건	포장, 리본장식, 조화디자인에 사용
철사	지철사, 부케철사, 디자인 철사, 컬러타이 등 묶거나 디자인할 때 사용
리본 · 포장지걸이	리본과 포장지를 걸어두거나 수납함.
포장지	꽃다발, 바구니 포장용
리본	장식용, 글씨출력용
바구니	꽃바구니용, 초화 세팅 용, 과일바구니용
화기	꽃꽂이, 장식용, 디스플레이
화분	선물용, 분 갈이 용
분 갈이 용품	꽃삽, 상토, 마사, 펄라이트, 하이트로볼, 이끼 등
난 분, 난 석	동양난 심을 때 사용.
바크	서양난 심을 때 사용
그 외	분무기, 물조리개, 호스, 등

난 분

바크, 난 석

CHAPTER 04
상품의 종류

1. 생화

2. 난

3. 관엽 식물

4. 화분 & 소품

5. 실내 정원

6. 선인장 & 다육식물

7. 야생화

8. 아트 플라워 (인조화)

1. 생화

절화와 절엽 등을 사용하여 디자인된 상품을 제작하는 것으로 꽃집 상품에서 빠질 수 없는 대표적인 품목이다.

1) 꽃다발 | 용도에 따라 축하용, 선물용, 애도용 등 형태와 디자인은 매우 다양하다.

2) 꽃바구니 | 생일, 개업, 전시회 등 축하용 꽃바구니의 용도는 다양하며 쓰임에 적절한 디자인의 꽃바구니를 제작 판매한다.

바구니의 형태에 따라 제작한 여러종류의 디자인.
용도에 따라 컬러와 디자인을 결정한다.

3) 웨딩 부케 | 일생에서 가장 축하 받는 날. 신부가 드는 부케는 신부의 개성과 드레스와도 어울리게 만든다. 개인용은 대부분 주문제작이고 예식장이나 웨딩숍에 대량 납품하기도 한다.

4) 테이블 센터피스 | 행사용, 접객 테이블, 사무실에 놓는 꽃 장식

5) 어레인지먼트 | 백화점, 호텔, 은행 창구, 사무실 등 장소와 용도에 맞는 디자인으로 상품을 제작하여 판매한다. 놓을 자리가 벽면이 아닌 경우 사방화로 제작한다.

6) 전통꽃꽂이 | 나뭇가지와 잎 등 선의 생동감과 여백을 아름답게 표현하는 정적인 작품을 상품화 한다.

7) 축하 화환 | 기쁜 일이나 좋은 일로 축하할 때, 개업, 결혼식, 고희연 등 행사에 선물로 보내지는 화환

8) 근조 화환 | 세상을 떠나신 분의 영전에 추모의 마음을 전하기 위해 보내는 상품

* 근조(謹弔): '삼가다'라는 의미를 가진 謹_{삼갈 근}과 '조상하다'라는 뜻을 가진 弔_{조상할 조}가 결합하여 '삼가 조문 인사 올린다'라는 의미를 나타냅니다.

9) 공간장식 | 입구, 로비 등 비어있는 공간을 장식한다.

2. 난

주로 잎을 관상하는 동양 난과 꽃을 관상하는 서양 난이 있다.

가. 동양 난

잎과 꽃을 관상하며 꽃은 작지만, 향이 깊다.

꽃집 상품 중에 선물용으로 가장 인기 있는 것이 동양 난이라고 한다. 동양 란은 꽃이 피는 계절에 따라 시장에 보급되는 시기가 조금씩 차이가 있다. 난은 꽃이 피는 시기에 따라 춘란春蘭, 하란夏蘭, 추란秋蘭, 한란寒蘭으로 나뉜 다. 또 한대에 여러 개의 꽃이 피는 난을 혜란蕙蘭이라고 하고 나무나 바위 에 붙어 기생하는 난은 풍란風蘭과 일명 석곡이라 불리는 장생란長生蘭으로 나뉜다. 판매용은 대부분 수입 난 이며 우리나라의 자생 난은 일반꽃집에서 는 거의 취급하지 않는 편이고 애호가나 전문점에서 취급한다.

동양란의 종류

동양란은 꽃이 달리는 수량, 잎의 모양과 크기, 꽃잎의 모양과 색 등 분류 방법이 다양하다. 대개 꽃의 개화시기에 따른 분류로 사계절에 따라 춘란, 하란, 추란, 한란으로 구분한다.

1) 춘란(春蘭)

일반적인 동양란이며 개체 수 또한 가장 많다.

춘란류는 한국, 중국, 일본, 대만 등지에 자생하는 란으로 각 나라의 이름을 붙여 한국춘란 일본 춘란, 대만 춘란 등으로 부른다. 한국춘란은 우리나라 남부 지방에 주로 자생하며 대개 하나의 꽃대에 한 송이의 꽃을 피우며 꽃색은 녹색을 기본으로 한다. 춘란은 애란인들이 가장 많이 기르며 꽃 모양, 잎모양에 따라 다양하게 구분된다. 동양란 중 특히 꽃이 아름다운 것을 화예품花藝品, 잎이 아름다운 것을 엽예품葉藝品이라 부르는데 화예품과 엽예품은 대부분 춘란에 있고 가격 또한 고가이다. 잎에 무늬가 있는 난은 꽃에도 무늬가 있는 경우가 많다.

◆ 꽃색에 의한 분류 (화예품)

소심(素心)   꽃잎에 녹색, 흰색이외 다른색이 섞이지 않고 혀에 점이 없는 것

백화(白花)   꽃잎의 바탕이 흰색인 꽃

홍화(紅花)   꽃잎에 도홍색이나 적홍색이 물들어 있으며 황색기가 없는 것

황화(黃花)   녹색이나 황록색에서 황색으로 물들어 피는 꽃

자화(紫花)   홍색 또는 은 자색을 띠는 꽃

복색화(復色花)   녹색의 기본 색외에 황색이나 백색등 두가지 이상의 색이 동시에 나타남

두화 또는 원판화   일반적인 난 꽃에 비해 크기가 작으며 꽃잎이 짧고 둥근형태
(豆花/圓瓣花)

색설화(色舌花)   꽃의 혀에 점형태가 아닌 자색, 홍색, 도색 등이 고르게 물든 꽃

◆ 잎에 원예적 가치가 있는 변이종의 분류 (엽예품)

반(班)	잎에 나타나는 무늬
복륜반(覆輪班)	잎 끝에서 잎 밑을 향하여 무늬색이 들어 있는 형태
호반(縞班)	복륜반과 반대로 잎 밑에서 잎 끝을 향해 무늬색이 올라가는 형태
산반(散班)	잎위에 짧은선들이 섬세하게 연결되어 거칠게 긁힌 듯한 무늬
선반(先班)	산반이 잎 끝에만 집중적으으 나타남

◆ 꽃잎의 모양에 따른 분류

매판(梅瓣)	생김새가 매화와 비슷하며 꽃잎의 끝부분이 둥글다.
수선판(水仙瓣)	수선화 꽃모양을 닮았으며 꽃잎이 대개 가늘면서 활달한 인상
하화판(荷花瓣)	꽃잎이 넓고 크며 끝이 둥글게 말려들어가 연꽃모양이다.

2) 하란(夏蘭)

중국 복건성이 자생지로 6월부터 9월까지 꽃이 피며 향이 진하다. 잎 길이가 길며 생육도 강건한 편이다.

건란(建蘭)	잎이 꼿꼿하며 담록색의 향기나는 꽃이 여러 개 피며 하란을 대표하는 란이다.
자란(紫蘭)	건란에 비해 여성스러우며 잎이 가는 세엽이며 50cm정도의 꽃대에 6~10송이 꽃이 핀다.

화(玉花)　　잎끝에 백색의 조爪·복륜이 짧게 나타남무늬가 있으며 담황색의 꽃잎에 붉은 반점이 있으며 향기가 진하다.

소엽(燒葉)　　건란을 닮았으나 잎끝을 불에 달군 모양의 이름처럼 잎 끝에 황색의 복륜 또는 조가 들어 있다.

* 풍란도 여름에 꽃이 피므로 하란으로 구분한다.

3) 추란(秋蘭)

대만에서 주로 수입되며 관음소심은 대표적인 선물용 난으로 판매된다. 8월 하순부터 10월 초순까지 꽃을 피우며 그윽한 향기와 설판에 점이 없는 소심素心류가 대표적이다. 중국 남부의 강소성, 저장성, 대만에 자생하는 란으로 꽃대는 백색내지 담황색으로 잡색이 전혀 없다. 대중적인 주요 종으로는 철골소심, 관음소심 등이 있다.

4) 한란(寒蘭)

국내의 제주 한란이 유명하며 최근 세포 배양을 통해 대량 공급되고 있다. 찬바람이 불기 시작하는 10월부터 이듬해 2월까지 꽃이 피며 3~20송이의 꽃을 피우는 혜란꽃대 하나에 여러 개의 꽃을 피우는 란이다. 꽃의 관상 시기가 길며 그윽한 향기가 특징이다. 매운 냄새가 나기도 한다. 한란은 우리나라 제주도와 일본 남부 지방, 대만의 고산지대, 중국의 저장성에 자생하며 심비디움 속의 상록 다년초이다.

동양난의 관리 방법

난 분 고르기　　난 분은 토분, 낙소분, 청자분, 플라스틱 분 등 여러가지가 있는데 낙소분은 표면이 태양열을 흡수하는 검은색으로 분속의 온도상승에 유리해서 뿌리발육을 좋게 한다. 청자분이나 백자분 등 자기분은 고급스럽게 보이나 공기가 잘 통하지 않아 분속이 잘 마르지 않는 단점이 있으므로 토분으로 교체하는 것이 좋다.

분구멍   클수록 좋다.

다리   공기의 통기를 원활하게 하기 위해 다리가 있는 것이 좋으며 없는 화분은 다리 역할을 할 수 있는 받침을 괴거나 난 분 전용 걸이를 이용한다.

두께   배양토가 잘 마르도록 가능한 얇은 것이 좋다.

배양토   잘 부서지지 않아야 한다. 부서진 가루가 통풍과 배수에 지장을 준다. 전용 배양토는 크기에 따라 대, 중, 소로 구분되어 원예 자재상에서 판매한다. 배양토는 반드시 깨끗하게 씻어서 사용하며 2~3일 햇볕에 말려 사용한다.

심는 법   춘란과 대부분의 동양란은 분의 50%를 大, 33%를 中, 나머지를 小로 심는다. 단 한란은 大와 中의 비율을 7:3정도로 심는다. (한란은 춘란에 비해 물을 더 준다)

분갈이   분갈이는 2~3년 주기가 좋으며 큰 분에 여러 포기로 자라는 것은 3년 마다 분갈이를 한다. 분갈이는 봄이나 가을에 하는 것이 좋다.

필요성   물주기, 비료투여 등으로 배양토가 산성화 되며 촉수가 늘어나 물빠짐, 통기성이 안 좋아진다.

포기나누기   세 촉 이상을 한 포기로 하며 할아버지(1대) 아버지(2대) 아들(3

대) 촉이 이어진 상태로 나누는 것이 이상적이다. 포기를 나눌 때는 2~3일 정도 물을 말려서 소독된 칼이나 가위를 사용한다 물에 젖어있으면 뿌리가 상하기 쉽다. 분갈이 후에는 직사광선과 강한 바람을 피하며, 충분히 물을 준다.

물주기 물주기의 기준은 배양토의 윗부분(화장토)이 말랐을 때가 기준이며 4월~8월 춘란은 마른 다음날, 기타 다른 란은 당일 날(저녁), 9월~3월은 춘란은 마른 뒤 2일 후 다른 란은 마른 다음 날 오전 10시 무렵에 준다.

비료주기 유기질 비료는 깻묵, 생선뼈 등을 발효시킨 것이며 물을 줄 때만 녹기 때문에 안전하다. 무기질 비료는 액비와 고형 비료가 있는데 액비는 물과의 희석농도, 고형비료는 정량(무게)를 꼭 지켜야 한다.

병충해 관리 동양란은 저항력이 강해 병충해에 강한 편이다. 하지만 자주 물을 말리거나 다습한 경우에는 곰팡이(탄저병, 줄기 썩음병, 흰 비단병, 빛 곰팡이 병), 세균(연부병, 흑반병, 엽고병), 바이러스, 해충(깍지벌레, 응애, 진딧물, 민달팽이)의 피해로 난을 병들게 할 수 있다.

이상이 나타나면 가능한 빠르게 치료하는 것(전문가와 상의)이 좋으며 무엇보다 물 관리, 온도관리, 통풍에 신경 써서 란을 건강하게 키우는 예방이 가장 좋은 방법이다.

좋은 난 고르기

뿌리 한 촉에 흰 뿌리가 3개 이상 붙어 있고 상처나 검은 얼룩이 없어야 한다. 오래된 뿌리는 담갈색이나 검게 변하는데 끝 부분의 생장점이 다치지 않고 투명한 것은 괜찮다. 선물하는 것이 아니고 직접 기를 것이라면 뿌리 확인은 필수!

잎	윤기가 좋으면서 자태가 아름답고 건강한 것을 구입한다. 뿌리와 벌브난 아래 밑둥으로 난의 줄기에 해당되는 부분에 비해 지나치게 웃자란 것은 피하며 약간 누렇지만(햇빛 과다) 잎이 서고 뿌리가 건강하면 구입해도 좋다. 새 촉이 잘 올라온다. 잎에 반점이 있거나 잎의 면이 고르지 않거나 잎 색의 농담 차이가 있는 것은 피한다.
벌브	벌브는 크고 윤기 있는 것이 좋으며 반점이 있거나 주름이 있는 것은 피한다.
개화기	초보자는 엽예품잎이 아름다운 란이 아닌 이상 개화 시기를 반드시 확인하고 이왕이면 꽃 망울이 맺혀 있는 란을 구입한다.

난 키울 때 주의사항

빛에 의한 상해	사람의 경우에도 갑자기 직사광선에 오래 노출 될 경우 화상을 입기 쉽다. 반음지 식물인 동양란의 경우도 마찬가지인데 직사광선의 경우 서서히 적응시켜 주어야 한다.
통풍 불량	통풍은, 난실의 통풍과 난분의 통풍 두 가지 경우가 있는데 잎 끝이 타는 이유는 난 분의 통풍불량으로 뿌리가 상한 경우다. 난의 성장을 위해서는 뿌리가 산소호흡을 해야 하는데 배양토나 과습으로 인한 통풍불량으로 뿌리의 호흡에 문제가 발생된 것이다. 뿌리가 상하면 잎이 타게 된다.
과습	과습은 뿌리의 산소호흡에 지장을 준다.
비료과다	난의 배양토는 무기물질로 영양분이 없다. 따라서 봄.가을에는 영양분 공급을 위해 비료를 주어야 하는 데 이 때 비료의 정량공급이 중요하다.

동해   동해의 경우는 2~3년 뒤에 서서히 영향이 나타나는 경우도 있는데 동해가 심각할 경우에는 회복이 불능이므로 겨울철 월동관리에 신경을 써야 한다.

태양금   옥화   천금   보세

◆ 꽃색에 의한 분류 (화예품)

춘란   밤 0~5℃ / 낮 5~10℃

한란/혜란   밤 7~10℃ / 낮 7~12℃

* 난이 동해를 입었을 때는 더운물을 주거나 갑자기 더운곳으로 옮기는 것은 금물이며 서서히 주변온도를 올려주어 결빙이 풀리도록 한다.

나. 서양 난

색이 아름답고 화려한 서양 난은 승진 축하 선물용으로 인기상품이다. 특히 최근에 한국에서 재배한 심비디움은 연말이나 설날에 인기 있는 품목이며 고귀한 자태의 팔레놉시스호접난, 화려한 덴드로비움덴파레, 작은 나비같이 생긴 온시디움 등이 주 품목이다.

호접난(팔레놉시스)　　　　　　　　덴파레(덴드로비움)

온시디움　　　　　그린심비디움　　　　심비디움

서양난 관리법

꽃의 모양이 나비처럼 생겨서 호접란이라고 불리는 팔레놉시스는 열대 아시아, 아열대의 착생난으로 직사광선을 피해주고 고온다습한 환경에서 잘 자라며 꽃을 피운다. 꽃에는 향기가 없으나 장점은 아름답고 화려하며 꽃의 수명이 오래간다. 꽃의 종이 다양하고 색도 다양하며 매년 새로운 품종이 개발되어 나온다. 저온이며 건조한 환경에서는 완전 개화가 어렵고 고온이며 통풍이 안되면 꽃을 피우지 못하고 낙화하기 쉽다. 햇빛이 드는 반그늘 상태의 통풍이 잘 되는 곳에 두는 것이 꽃의 개화에 가장 좋다. 완전 개화 후에는 고온이며 통풍이 안되고 건조할 때 꽃의 수명이 급속히 떨어지므로 보온과 통풍, 유지가 무척 중요하다. 환경조건이 좋으면 꽃을 감상할 수 있는 시기는 보통 2~3개월 정도이며 꽃이 시들고 나서 꽃대를 중간쯤에서 잘라주면 다시 꽃을 볼 수 있다. 잘라준 꽃대 아래에서 새로운 꽃이 피어 보고 난 다음에 꽃대의 맨 아래 마디 2번째 위를 잘라 주면 그 이듬해에 아래에서 새 꽃대가 올라온다. 꽃대를 잘라주는 것은 식물의 원활한 성장과 다음 해에 꽃이 피는 데 도움을 주므로 잘라주는 것이 좋다. 한 여름의 직사광선은 피하여 밝은 그늘에서 통풍이 잘 되는 시원한 곳에서 기른다.

서양란은 물 빠짐을 위해 나무껍질로 된 바크를 이용해서 기르는 것이 보편적이다. 바크의 물 주기는 햇볕, 통풍, 바크의 상태, 식물을 기르는 환경에 따라 다소 다르지만 공통적인 것은 겉의 나무껍질이 말라가려고 하는 시점에 밑으로 물이 흘러내릴 정도로 충분히 주는 것이 좋다. 분무기로는 잎에 물을 분사하여 잎도 청결하게 하여 기공이 열리도록 한다.

비료는 5~9월 동안에 월 2회 정도 액비를 준다 가을에 7~8℃의 저온처리를 해주어야 꽃눈이 생성이 된다 최적온도 20℃, 겨울에도 5℃ 이하가 되면 뿌리가 썩고 잎이 떨어지므로 월동 온도 10℃ 이상 새벽이라도 최저 7℃ 이하로 떨어지지 않도록 해야 한다. 밤에 동화작용을 하므로 산소 배출량이 많으니 침실에 두면 숙면에 도움이 된다.

3. 관엽 식물

가정용, 개업, 준공식, 전시회, 입주 등 축하용으로 주로 사용되거나 집안에서 관상용으로 키우는 화분 종류는 대부분 관엽식물과 화목류 들이 많이 사용된다. 관엽식물은 대부분 반 음지식물이므로 실내에서 키우기 무리가 없으나 햇빛이 드는 방향에 두고 적당히 환기를 시켜주어야 한다.

해피트리

뱅갈

아레카야자

폴리샤스

고무나무

4. 화분 & 소품

예쁜 화분, 기능성 화분

다채로운 색감과 디자인으로 인테리어 소품으로 활용하기 좋은 예쁜 화분들은 아파트 생활권에서 살아가는 현대인들이 키우기 쉬운 분화로 주종을 이룬다. 실내에서 키우는 화분은 자칫 물주기에 실패하여 잘 못 키우는 분들이 많아 최근에는 배수구가 없는 세라믹 화분을 선호하는 경향이 크다. 물구멍이 없기 때문에 기존 제품처럼 물이 밖으로 흐를 걱정이 없으며, 저면관수이기 때문에 식물의 뿌리가 단단하게 자란다. 또한 세라믹 소재로 만들어져 인체에 무해하며, 간편하게 다른 화분으로 교체할 수 있는 편리함이 있다.

배수구 없는 화기의 식물관리
작은 화분을 사다가 바로 예쁜 화기에 옮겨 심으면 서서히 죽거나 시간이 지나면서 문제가 생긴다. 배수층 처리를 해도 물 관리가 애매하고 좋은 방법이 아니다. 이유는 바람이 통하지 않아 뿌리가 숨을 쉬지 못 해서 죽기 때문인데 식물을 죽이지 않고 오래 키울 수 있는 방법은 화분 속에 화분(포트)을 넣는 방법이 있다.

· 물주기
물주는 방법은 저면 관수법을 이용한다. 화기에 1/5정도의 물을 부어주고 화분(포트)을 넣어주면 물이 아래에서 위로 스며든다.
시설이 제대로 된 농장에서 좋은 상품을 생산 출하 하는 것은 모두 저면 관수(밑에서 위로 먹는법) 시스템으로 재배되기 때문이다.

· 물주는 주기
흙이 항상 젖어 있으면 뿌리가 무르고 썩기 쉽다. 흙의 표면이 마른 후에 물을 주는데 너무 바짝 말리지 않는다. 오랫동안 방치하여 바짝 마르면 회복이 불가능할 수 있다. 날씨에 따라, 실내 환경에 따라 물주는 시기가 다르니 요일을 정해서나 날짜를 맞추어 물을 주는 방법은 좋은 방법이 아니다.

- **위치**

바람이 잘 통하는 밝은 창가. 밝은 조명이 좋다. 바람이 통하지 않는 곳은 식물이 살 수가 없다.

- **병충 예방**

바람이 잘 통하는 위치에 놓고 매일 2~3회씩 스프레이 해주면 예방할 수 있다.

- **영양제**

계절마다 조금씩 주거나, 봄 가을에 한번씩 준다. 꽃이 피는 식물은 영양제 투입을 잘해줘야 색이 좋고 예쁜 꽃이 핀다.

- **분갈이**

화분크기에 비해 포화상태 일때만 해줘도 된다.

- **가지치기**

식물은 시간이 지나면서 자라나는 새 가지로 인해 변형이 되니 일 년에 한 번씩 하도록 한다.

- **공기정화**

모든식물은 미세먼지, 냄새 등을 흡수하는 기본 능력을 가지고 있다.

- **분갈이 용토**

스치로폼, 연탄제, 진흙 등은 절대 사용금지. 혼합 사용도 좋지 않다. 피트 모스와 펄라이트 배합이면 좋다.

· **인테리어**

모든식물은 색상과 형태가 다르다. 식물의 색과 형태에 어울리는 화분을 어울리게 잘 조화시키면 훌륭한 실내 그린 인테리어가 된다.

소품

봄 가을에 나오는 초화 류와 숙근초의 식물은 꽃집을 예쁘게 꾸며 주고 고객의 발길을 안으로 끌어주는 역할을 한다. 계절이 바뀌는 것을 제일 먼저 알려주는 매개체이며 구경하던 고객들이 집의 분위기를 바꾸기 위해 손쉽게 사 갈수 있는 상품이며 가볍게 선물하기에 부담 없는 상품이기도 하다.

예쁜 소품 종류

◆ 베고니아, 임파첸스, 스킨답서스, 호야, 아이비, 나비란, 사랑초, 오로라, 천냥금, 마삭줄, 타라, 칼란코에, 팬지, 베고니아, 금잔화, 메리골드, 채송화, 수선화, 히야신스, 무스카리, 튜울립, 미니장미, 바이올렛, 쥴리앙, 소국, 스파트필립, 퓨리뮬러, 버베나, 꽃잔디, 페츄니아, 사루비아, 백일홍 등.

5. 실내 정원 | 플랜트박스, 옥상정원, 베란다 정원

현대인들은 생활공간에서 각종 실내장식에서의 화학적인 유해물질과 전자기기로 인한 전자파로 인해 실내공기가 외부보다 더 위험하기도 하다는 매스컴의 보도 속에 살며 자연스럽게 웰빙식물을 선호하게 되었다.

실내에 공기 정화식물을 들여와 보다 쾌적한 환경 속에서 지내기를 원하여 밖에 있는 식물을 안으로 들여와 집안 곳곳에 식물을 놓고 키우기도 하며 좀 더 규모있고 아름다운 실내 정원, 베란다 정원, 옥상 정원을 만들기 시작했다. 음이온을 많이 배출되는 공기정화력이 뛰어난 식물이 바로 웰빙식물이 되는 것이다.

플랜트박스, 실내 정원 식물의 기능과 효과

1) 식물의 기능

- **광합성 작용** | 녹색식물이 빛 에너지를 이용하여 이산화탄소와 물로부터 유기물을 합성하는 일련의 과정 (엽록체 내에서 탄수화물과 산소를 만드는 과정)이다.
- **증산 작용** | 식물이 체온을 유지하고 꼭대기까지 수분을 공급하기 위하여 체내의 수분을 잎이나 줄기로 부터 공중으로 발산하는 것이다.

2) 실내 공기 오염

미국 환경부는 현대인의 건강을 위협하는 5대 요인 중 하나가 실내공기라고 규정하였다. 도시 공기의 가장 큰 오염원은 공장, 자동차, 난방기.

- **도시 실내공기 분석** | 포름알데히드, BTX(벤젠, 톨루엔, 자일렌)등의 휘발성유기화합물VOC이 주요 오염물질. 이산화탄소, 일산화탄소, 미세먼지, 아황산가스, 오존, 질소산화물 및 분진과 같은 입자상 물질
- **포름알데히드, VOC 등은 새집증후군 유발 물질** | 아토피성 피부염, 아토피성 천식과 비염. 이러한 유해 물질은 식물에 의해 제거가 가능

3) 실내 공기 정화 식물과 생명 유지 시스템

70년대 석유파동을 겪으면서 에너지 효율을 높이기 위해 실내 밀폐율을 높여왔다.

- **밀폐된 공간의 촛불 실험** | 밀폐된 공간에 촛불이 꺼지고 산소가 없어 식물이 죽는다. 그곳에 식물을 두면 식물에서 나온 산소가 동물에게 주어져 호흡이 가능하고 동물의 호흡에서 나온 이산화탄소가 광합성에 활용되어 서로 생명을 유지하게 된다.
- **우주공간에서 생명을 유지해주는 생명유지시스템의 원리** | 공기 정화식물은 이런 우주정거장을 개발하기 위해 미국의 우주항공국 등에서 연구가 시작되었다.

4) 식물의 실내 공기 정화 원리

- 잎과 근원부 미생물의 흡수에 희한 오염물질 제거
- 잎에 흡수된 일부 오염물질은 광합성의 대사산물로 이용되어 제거
- 화분 토양내로 흡수된 오염물질은 근원부 미생물에 의해 제거
- 음이온, 향, 산소, 수분 등의 다양한 식물 방출물지에 의해 실내 환경이 쾌적하게 된다.
- 포름알데히드 – 각종 건축자재나 가구류의 방부제나 접착제서 발생 제거 능력이 우수한 식물은 디펜바키아, 부처손, 아왜나무이다.
- 휘발성유기화합물 – 새집증후군의 주요 원인물질에 좋은 식물 – 아레카야자, 스파트필름
- 일산화탄소 – 요리시 불완전 연소로 발생 사무실보다 가정에서 발생. 스킨답서스를 두면 좋다.

5) 식물 방출물질에 의한 실내 공기 정화

- 음이온의 생성, 오염물질 제거, 피부와 호흡을 통해 신진대사 촉진

- 향(피톤치드) – 쾌적감과 소취·탈취 효과, 항균·방충 효과 스트레스 호르몬인 코티졸의 농도 감소 스트레스 완화
- 실내 온, 습도 조절
- 미세먼지 감소

공기 정화식물의 효능

1990 NASA 출신인 월버튼 박사는 이런 공기 정화식물 50가지를 대상으로 유해물질 제거 능력 테스트를 하였다.

1) 휘발성 유해물질 제거 능력
2) 증산작용율(습도조절 능력)
3) 재배 관리의 편리성
4) 해충에 대한 즉응 능력

◆ 50개 식물 순위(종합평가)

1위 | 아레카 야자	13위 | 네프롤레피스 오블리테라타	24위 | 베고니아
2위 | 관음죽		25위 | 필로덴트론 세륨
3위 | 대나무(세이브리찌)야자	14위 | 포트맘(개량국화)	26위 | 필로덴트론 옥시카디움
4위 | 인도고무나무	15위 | 거베라	
5위 | 드라세나데레멘시스	16위 | 드라세나 와네키	27위 | 산세베리아
6위 | 헤데라(아이비)	17위 | 드라세나 마지나타	28위 | 디펜바키아 카밀라(마리안느)
7위 | 피닉스 야자	18위 | 필로덴트론 에루베스센스	29위 | 필로덴트론 도메스티컴
8위 | 피쿠스아리	19위 | 싱고니움	
9위 | 보스톤 고사리	20위 | 디펜바키아 콤펙타	30위 | 아라우카리아
10위 | 스파티필름	21위 | 테이블야자	31위 | 호마르메나 바르시
11위 | 행운목	22위 | 벤자민고무나무	32위 | 마란타
12위 | 포토스(스킨)	23위 | 쉐프렐라	33위 | 왜성바나나

34위	게발선인장	40위	안스리움	46위	시크라멘
35위	그레이프 아이비	41위	크로톤	47위	아나나스
36위	맥문동	42위	포인세티아	48위	튤립
37위	덴드로비움(서양란)	43위	아잘레아	49위	팔레놉시스(호접란)
38위	접란	44위	칼라테아 마코야나	50위	카란코에
39위	아글라오네마	45위	알로에베라		

◆ 유해물질(프롬알데히드) 제거능력 순위

1위	보스톤 고사리	19위	와네키	33위	아라우카리아
2위	포트맘	20위	맥문동	34위	베고니아
3위	거베라	21위	덴드로비움 디펜바키아 콤팩타	35위	마란타
4위	피닉스			36위	그레이프아이비
5위	야자	22위	튤립	37위	게발선인장
6위	드라세나테레멘시스	23위	피쿠스아리	38위	필로덴트론세륨
7위	대나무 야자	24위	호마로메나 바리시 테이블 야자	39위	싱고니움
8위	네프롤레피스 오블리테라타			40위	필로덴트론
		25위	아잘레아	41위	옥시카르디움
9위	인도고무나무	26위	아글라오네마	42위	안스리움
10위	헤데라(아이비)	27위	접란	43위	칼라테아
11위	벤자민	28위	왜성바나나	44위	포인세티아
12위	스파티필름	29위	필로덴트론 에루베스센스	45위	시크라멘
13위	아레카야자			46위	아나나스
14위	행운목	30위	디펜바키아카밀라,	47위	크로톤
15위	관음죽	31위	필로덴트론 도메스티컴	48위	산세베리아
16위	쉐프렐라			49위	알로에베라
17위	드라세나	32위	포토스	50위	카란코에
18위	마지나타				

우리나라 자생식물에 대한 공기정화능력 – 백냥금, 자금우(천냥금), 산호수

◆ **실내 정원에 사용되는 공기정화식물**

- 중대형 화분 – 아레카 야자, 관음죽, 행운목, 벤자민 고무나무, 팔손이 고무나무, 아레오카레아, 셀렘, 남천, 녹보수 등
- 중소형 화분 – 아이비, 스킨답서스, 디펜바키아 (안나, 마리안느, 카밀라) 보스톤 고사리, 산호수, 백냥금, 싱고니움, 테이블 야자, 칼란코에, 핑크 스타, 안수리움 등

◆ **옥상 정원**

옥상에 정원을 만들어 엷은 흙을 덮어둘 경우 습기가 유지되어 식물이 자랄 수 있는 환경과 주거공간을 높고 낮은 외부 온도로부터 차단되어 적당한 실내 온도를 유지한다. 더운 여름철엔 열기를 차단해주는 효과가 있어 옥상 아래층은 더위로부터 실내 온도의 감소를 느낄 수 있고 겨울철에도 방한의 효과가 크다.

6. 선인장 & 다육식물

선인장과 다육식물은 관리가 편하고 수명이 긴 편이라 화초를 처음 키우려는 분들에게 권하기 좋다 선인장은 외관상 따뜻한 느낌을 준다. 물은 1~2달에 한 번씩 주면 충분하고 물을 줄 때 흠뻑 적셔 주고 너무 자주 주면 뿌리가 썩을지 모르니 주의해야 한다. 물에 흠뻑 젖지 않아도 버티긴 하지만 잘 크고 있는건 아니다. 선인장은 물을 두꺼운 몸체에 저장하므로 저장된 물이 다 빠지고 나면 서서히 말라간다. 사막에서 자라는 선인장류에서 물을 많이 머금고 있는 통통한 선인장은 구멍을 뚫어 물을 마실 수도 있다.

립톱스모둠

긴잎적성

번식이 쉬운 다육식물은 애호가들에게 각광받고 있는 화초이다. 햇볕이 잘 들어오고 통풍이 잘 드는 밝은 그늘 혹은 창가에 두는 것이 좋다. 겨울에는 월동이 안되기 때문에 따뜻한 실내의 밝은 창가가 좋다.

계절, 햇볕, 온도, 통풍, 흙의 상태에 따라서 물 주기는 달라진다.

대체적으로 화분의 흙이 마른 후에 물을 주는데 만져 보아서 약간 시들해 보일 때 물을 주는 게 알맞은 시기이다. 물을 줄 때는 아래로 흐르도록 흠뻑 준다. 선인장과 식물은 잎과 줄기 자체에 물을 저장하고 있기 때문에 물을 자주 주지 않아도 오래 잘 버티며 살아있을 수 있다.

그러나 너무 건조하면 말라죽고, 과습하면 물러서 죽으니 자주 잎의 상태를 보며 관리하도록 한다. 햇빛을 많이 보고 통풍이 잘 되는 곳에 있어야 다육의 색이 진해져서 더 예쁘게 볼 수 있다.

천후엽변경

아메치스

크로커다일

다육을 키우며 선을 아름답게 만들기 위해서는 줄기 아래의 잎을 따 주는 방법이 있다. 뿌리가 수염처럼 길게 늘어지게 있는 것은 깨끗이 잘라서 정리한다.

부다템플

레티지아

오렌지립스틱

라울

온도 차이가 큰 계절에, 밤낮의 기후 차이가 심할 때 다육의 색깔이 예뻐진다. 번식을 할 때는 줄기를 잘라서 하거나 건강한 잎을 떼서 하는데 줄기 끝부분의 수분이 말랐을 때 심는다.

큰 줄기에서 뻗어 나온 새끼를 떼서 심는 자구 번식도 하고 번식을 많이 해서 포기가 비대할 때 포기나누기를 해준다.

축전

녹귀란

멀티카울립스틱

당인금

라우이

다육식물 1

다육식물 2

방울복랑

립톱스 꽃

펀퀸

골든글로우

펜타드럼

리톱스

다육모음

칸테

흰토니

CHAPTER 04 상품의 종류 | 77

7. 야생화

어떤 척박한 땅에서도 온갖 기후를 다 이겨내며 자라고 있는 들판의 꽃 야생화. 자연환경에 있던 야생화를 실내로 들여오면 환경에 적응하기까지 많은 시간이 걸릴 수 있다. 그래서 야생화는 오랫동안 꾸준히 애정을 가지고 보살펴야 한다.

야생화는 겨울에는 죽은 듯 보이지만 이른 봄에 꽃을 제일 먼저 피운다. 얼었던 땅속에서 솟아 나오는 생명력을 보면 희망이 생기는 기쁨을 맛보게 된다.

▶ 한국의 야생화

금낭화

덜꿩나무

담배초

코스모스

노랑찔레장미

풍년화

해당화

명자나무

고려담쟁이

말발도리

애기달맞이

금강초롱

고려담쟁이

무늬마취목

참나리

초설백화등

벌개미취

세잎쥐손이풀

쯔이나

8. 아트 플라워

오랫동안 꽃 장식이 필요한 공간을 인조화로 장식하거나 디스플레이 한다. 생화로 자주 교체할 수 없는 부분을 아트 플라워로 대신하는데 실내장식에는 예식장, 카페, 레스토랑, 호텔, 백화점 디스플레이 등, 인테리어에 주로 사용하며 실내 장식을 위한 작품 및 단일화로 판매한다.

생화 같은 아름다운 형태와 컬러가 최근 아트 플라워의 인기를 실감할 수 있는데 방송매체를 통해 화면을 보면 아름다운 꽃 작품을 자주 볼 수 있다.

메그놀리아 작품

울타리 작품

벽장식 바스켓

실내조경 1

실내조경 2

실내조경 3

실내조경 4

크리스마스 장식　　　　월마 플랜트 박스　　　　아마릴리스 작품

CHAPTER 05
매장 인테리어

1. 실내 인테리어

2. 작업 공간과 접객 공간

1. 실내 인테리어

매장 인테리어는 고객이 들어와서 상품을 둘러보기 좋게 동선을 생각해야 하며 무엇보다 상품이 하나하나 다 잘 보이도록 배치하는 세심한 배려가 필요하다. 그리고 일하는 사람의 동선도 고려해야 한다.

매장의 크기에 따라 인테리어를 하는 방법도 다르겠지만 기본적으로 해야 하는 것 몇 가지가 있다. 내부 공간을 크게 나누면 천장, 벽, 바닥으로 나누는데 천장의 높이가 높으면 공간 활용하기에 좋은 점이 많다.

꽃집은 의외로 자잘한 물건들을 수납해야 할 것이 많으므로 판매할 것과 사용할 것들로 분류하여 수납할 장소가 있어야 하며 빈 점포에 직접 인테리어를 할 경우 작업대와 진열대를 만들면서 자투리 공간을 최대한 활용하여 눈에 띄지 않는 자투리공간을 찾아내어 가끔 사용하는 물건들을 수납하도록 한다.

리본걸이

포장지 수납장

화기장

2. 작업 공간과 접객 공간

작업대

씽크대

작업대 밑의 자투리공간을 포장지 박스로 활용

소품진열대

작업공간

카운터   전화, 팩스, 프린터, 컴퓨터, 카드체크기, 매출장부, 금고 등의 수납공간

작업대   꽃을 꽂거나 포장을 할 수 있는 공간 주변에 리본, 포장지를 수납 해야 함

진열대   키가 큰 화분에서부터 작은 다육식물까지 판매할 상품을 보기 좋게 진열할 공간

벽걸이	비어있는 벽면에 선반이나 수납장으로 진열할 상품을 둔다.
싱크대	수도는 상품진열에 방해가 되지 않을 공간에 설치하는 것이 좋다.
조명	조명은 식물의 생육과도 관계가 있으며 밝은 조명아래 꽃과 식물의 생기 있는 아름다움을 볼 수 있다. 진열대에 있는 상품을 포인트로 비춰주면 상품이 돋보인다. 조명은 매출과도 연관성이 있다.
냉난방 시설	에어컨, 선풍기, 난방기구 등은 미리 자리를 배치한다.
바닥 배수	화분이 실내에 많이 있으면 물주기도 고려해야 한다. 수도에 호스를 연결하여 직접 물을 주는 것이 좋은데 이 경우 배수가 잘 되어야 한다. 외부로 물이 나갈 수 있어야 편리하고 바닥은 물 빠짐이 좋은 재질인 것이 좋다.
간판	간판은 그 집의 얼굴이다. 상호와 어울리는 컨셉의 디자인과 컬러를 고른다 정면 물론 측면에서도 눈에 뜨일 수 있게 돌출간판도 하는 것이 좋다. 개성 있는 간판은 호기심을 주고 세련된 간판은 상품의 질을 가늠하게 한다. 중요한 것은 거리에서 쉽게 찾을 수 있도록 눈에 띄는 간판이다.
꽃 냉장고	꽃 냉장고를 들여놓을 때는 작업대의 위치를 고려한다. 꽃을 꺼내어 바로 작업대에서 제작을 하며 필요한 것을 눈에 띄이는 상태에서 바로 꺼내어 사용하는 것이 능율적이다. 작업대와 꽃 냉장고가 멀리 있으면 제작의 효율성이 떨어진다. 생화가 예쁘게 자리하고 고객을 반기는 형태가 되려면 꽃 냉장고가 안으로 깊이 들어가는 것 보다는 출입구에서 가까운 곳에 있으며 꽃을 바로 보이게 하는 것이 좋다. 실내면적이 협소하거나 진열을 예쁘게 하려면 꽃 냉장고를 설치하

지 않고 예쁜 화기에 생화를 담아두고 진열을 하는 것도 좋은 방법이다. 생화 구입을 자주 해야 하고 생화 보관에 신경이 쓰일 수는 있지만 여름철만 다소 불편할 뿐 처음부터 적응해 가면 이 방법이 준비자금을 줄여주고 생화를 신선하게 사용할수 있는 장점도 있다. 꽃집은 상품자체가 디스플레이용 이므로 지나치게 화려하게 실내를 꾸미는 것보다 상품이 돋보이도록 진열을 하되 되도록 깔끔하고 단순한 색으로 꾸며 상품을 돋보여주는 것이 좋다.

접객 공간

플라워숍은 꽃을 판매하는 곳이지만 고객의 쉼터가 되어도 좋다. 매장에 들어온 고객이 꽃구경을 하다 잠시 차를 마시며 쉴 수 있는 공간이 있는 것도 좋다. 작은 매장이면 작업대 근처에 의자 두세 개를 준비해 두고 규모가 있는 매장이면 중간쯤의 공간에 쉴 수 있는 접객 테이블을 두어 고객이 상품을 주문하고 완성품이 나올 때까지 편히 쉬면서 기다릴 수 있도록 배려한다. 셀프 티 코너를 겸하는 센스도 주인장의 마음을 전해주는 부분이다.

티코너

접객공간

CHAPTER 06
자격증 및 교육

1. 자격증의 종류

2. 교육 기관

1. 자격증의 종류

꽃과 관련된 자격증으로는 민간 자격증(플로리스트)과 국가 자격증(화훼장식 기능사, 기사)이 있다. 꽃집 창업을 하면서 자격증이 꼭 필요한 것은 아니다. 그러나 동종 업체와의 경쟁력에서 밀리지 않고 차별화된 감각을 지니고 자부심을 가지기 위해선 플로리스트 자격증이나 화훼장식 기능사 자격증은 소지하는 것이 바람직하다. 관공서나 회사, 학교 등에 비중 있는 행사의 견적서를 넣어야 할 경우 경력 증명에도 필요하기 때문이다.

시험 기관 및 일정

국가자격증　화훼장식 기능사, 화훼장식 기사.
　　　　　　　기능사는 누구나 시험 응시 가능하며 필기시험에 합격한 후 실기시험에 응시한다. 필기시험은 60문항에 60점 이상이면 합격이고 유효기간은 필기 합격일자로부터 2년 이며 실기시험은 일년에 세 번 시행된다. 기사는 기능사 취득후 2년이상의 경력을 가진자 또는 관련

학과를 전공한 졸업한자 등. 자격조건이 있으니 자세한 사항은 (한국산업인력공단 www.q-net.or.kr/) 에서 자세히 알아보고 본인에게 맞는 조건을 찾아보도록 한다.

플로리스트 자격증 꽃 관련 각 협회에서 발급하는 자격증으로 일년에 1~2회정도 치룬다. 각 협회마다 시기가 다르니 일정은 사이트를 통해 알아보도록 한다.
예) (사) 한국 플로리스트 협회의 플로리스트 자격증
화훼장식 기능사와 같은 조건이나 필기와 실기를 같은 날 동시에 치른다. 두 가지 중에 한 과목만 합격 시 2년 이내에 불합격 과목만 재시험 가능하다. 3급, 2급, 1급의 자격시험을 거쳐 강사교육을 받으면 협회의 공인강사가 되어 활동할 수 있다.
((사) 한국플로리스트협회 www.kflorist.or.kr/)

2. 교육 기관

창업 이전에 도움을 받을수 있는 곳

1) 고용지원센터에서는 능력 개발을 통해 취업이나 창업을 할 수 있도록 휴직자, 이직 근로자 재직자를 위한 내일 배움 카드를 발급한다. 일 년에 200만원을 교육에 사용할 수 있고 부족하면 다음 해에 100만 원 더 사용할 수 있다.

♦ 고용센터 www.work.go.kr/jobcenter/

2) 소상공인 지원센터에서는 창업을 준비하는 분들을 위한 창업 학교를 운영 중이다. 예비 창업자들은 소상공인 홈페이지에 들어가서 회원가입을 한 다음 창업 관련된 프로그램을 찾아보면 도움을 받을만한 프로그램이 되어

있다. 창업 이후 매출 신장을 위해 컨설팅과 함께 능력 개발로 상품 제작에 필요한 비법을 전수받을 기회가 있다. 총경비 중 본인 부담금 10%만 지급하면 상품 제작의 비법을 전수해줄 컨설턴트가 매장으로 직접 내방하여 지도를 해주는 시스템으로 하루 4시간씩 5일 동안 교육받을 수 있으며 매장을 비우지 않아도 되고 인테리어나 운영상의 어려움도 컨설팅 받을 수 있다.

◆ 소상공인진흥원 www.seda.or.kr/

무료 교육을 받을 수 있는 기관

고용부   취업성공패키지는 저소득층, 취업 취약계층을 대상으로 한 통합 취업지원 사업이다. 무료교육을 통해 자격증도 따고 시의 지원으로 창업 지원금을 받을 기회도 주어진다.

중소기업청   중소기업청과 창업진흥원의 지원으로 시행되는 참살이 실습터는 대학의 평생교육 프로그램을 통해 전공자 뿐만 아니라 초심자나 경력단절 기술자 등도 실무 위주의 실습과 교육을 통해 전문가로 양성하고, 실제 창업이나 취업으로 이어지기까지 적극적 뒷 받침도 이뤄진다.

그외 능력개발에 도움을 받을 수 있는 기관

◆ 한국여성인력개발센터 www.vocation.or.kr/

◆ 한국여성경제인협회 www.womanbiz.or.kr/

◆ 각 지역의 농업기술센터, 시청, 구청 등.

◆ 플라워 월간지 및 관련 서적의 구독으로 전문적인 지식과 정보를 쌓아 가도록 노력한다.

CHAPTER 07
상품 디자인

1. 일반 행사 상품

2. 차별화된 디자인

1. 일반 행사 상품

일반적인 행사에는 졸업식, 취임식, 개업식, 준공식, 연주회, 생신연 등이 있는데 주로 축하행사이므로 꽃 상품이 나갈 경우 대부분 꽃바구니, 테이블 센터피스(사방화), 코사지, 꽃다발, 화환, 화분, 난이 판매되고 있다. 용도에 따라 놓는 장소에 따라 어울리는 상품을 제작 판매하며 배송시에 꽃이 안전하게 전달되도록 기초작업에 신경 써서 움직임이나 흔들림이 없도록 해야 한다.

2. 차별화된 디자인

비슷한 형태의 꽃바구니, 꽃다발, 화환으로는 상품의 가격이 부동일 수밖에 없다. 항상 변화하는 색다른 디자인과 좋은 재료, 신선한 꽃으로 부가가치를 높이고 다른 업체와의 경쟁에서 앞서가려면 늘 새로운 것을 연구하고 배워나가야 한다. 새로운 소재의 활용에서 약간의 아이디어를 더 해주면 타 업체와의 차별된 디자인을 찾아갈 수 있을 것이다.

CHAPTER 08
직원모집 및 배송관련

1. 직원 모집

2. 배송 관련

1. 직원 모집

플라워 숍은 대개 가족 구성원이 직원으로 활동하는 예가 많으나 인력이 부족하면 직원을 채용하는 경우도 많다. 업무에 따라 일을 분할해 보면 내부의 실무를 도와줄 직원과 배송을 도와줄 직원, 인터넷 사이트 관리나 장부 정리 등을 맡아해줄 직원으로 구분된다.

이렇게 분야마다 일을 나누어서 해야 할 정도면 매출이 상당히 높은 꽃집이다. 월 매출이 몇 천만 원 이상 되는 꽃집이라면 매장의 규모에 따라 혼자서 운영하기에 벅찰 수 있으므로 도와줄 직원이 필요하다.

직원을 채용할 경우 경력자와 초보자의 임금 차이는 크다. 꽃집 업무는 배우는데 많은 시간과 비용이 투자되어야 하므로 초보자의 월급은 적은 편이다. 일을 하면서 배우기 때문인데 실제로 배우기 위해 취업하는 사람들도 많고 어느 정도 일을 배우면 창업을 하는 경우가 많기 때문에 경영주의 입장에서는 큰 손실이 생길 수도 있기 때문이다. 경험 없이 꽃집을 운영할 경우 실무를 담당해 줄 경력자를 채용하는 것이 좋은데 이력서만 믿지 말고 면접을 통해 실무 테스트를 해서 능력 여부를 판단하는 것이 중요하다. 사업주가 경험이 없는 경우 유능한 직원을 채용하여 곁에 두고 있으면서 열심히 실무를 익혀 실력을 다져가야 한다.

구인광고는 여러 매체를 통해할 수 있는데 지역의 광고지나 교차로 신문 등을 이용한다. 지역의 도매 꽃 상가에 광고지를 붙이거나 의뢰를 하기도 하고 꽃집 창업반을 운영하고 있는 학원을 통해 알아보기도 한다.

2. 배송 관련

배송 관계로 직원을 채용할 경우 운전 경력을 꼼꼼히 살펴보는 것이 중요하다. 상품 배송 중에 사고가 나게 되면 업무상의 과실이라 처리를 해주어야 하기 때문이다. 배송 담당 직원이 필요할 경우 단순히 운전을 하며 배송을 담당하기만 하는 것보다 매장에서 상품관리도 겸할 수 있는 직원을 채용하도록 한다.

모든 직원들은 자기 분야 외의 일도 멀티로 할 수 있어야 업무의 효율성이 생긴다. 다른 직원이 갑자기 그만두거나 결근을 하더라도 업무에 차질이 없어야 하기 때문이다.

요즘은 퀵 서비스 업체도 많이 생겨나고 꽃집 상품을 전문적으로 배송해주는 업체도 많이 생겨나 기사가 없는 꽃집에서도 영업하기가 훨씬 수월해졌다. 난이나 꽃다발처럼 부피가 작은 상품은 퀵서비스를 이용해도 된다.

일인 사업장이 늘어난 요즘 꽃바구니, 꽃다발, 난 등을 전문적으로 배송해주는 업체도 있어 시 단위의 도시에서는 직원이 없어도 배송에 크게 염려하지 않아도 해결될 방법이 있다.

큰 화분, 화환을 전문으로 배송해주는 배달업체도 생겨났다. 거리에 따라 배송비 차이는 있으나 직접 매장을 비우고 다녀오는 거리와 시간을 계산해

보면 배달 서비스 업체를 이용하는 것이 편할 수 있다.

직원 채용 시 서로 공감할 수 있는 근무 조건을 협의 후 고용계약서를 작성해서 한 부씩 보관하도록 한다.

CHAPTER 09
마케팅

플라워 마케팅

마케팅 계획 없이 창업을 시작하여 성공하지 못하는 사례들을 쉽게 볼 수 있다. 아무리 좋은 상품과 서비스를 갖추고 있다 하더라고 플라워숍의 위치나 상권에 맞는 마케팅 전략 없이는 성공의 길로 들어서기는 힘들 것이다. 판촉행사나 이벤트를 실시하거나 행사를 통해 새로운 고객과의 접근을 시도해야 한다.

최근 스마트폰의 대중화와 쇼셜 네트워크 이용자가 많아짐에 따라 쇼셜마케팅의 전략들이 여러 양상으로 나타나고 있다.

오감을 자극하는 오감 마케팅, 스타를 활용하는 PPL 마케팅, SNS를 이용한 쇼셜 마케팅, 감성을 자극하는 감성마케팅 등 시대에 맞추어 다양하게 나타나고 있으며 많은 비용을 들지 않고 컴퓨터나 휴대폰을 이용하여 쉽게 정보교류가 가능한 SNS 마케팅의 성공사례들을 쉽게 볼 수 있다.

마케팅을 하기 전 나에게 맞는 마케팅의 전략을 철저하게 계획한다면 광고의 효과를 높이고 매출액을 증대시킬 수 있을 것이다.

플라워숍 창업은 시작하기는 쉽지만 운영은 그리 만만치 많은 않다. 충분한 준비를 하고 실력을 쌓고 노하우를 가지고 준비하는 분만이 사업을 운영하며 수익을 올릴 수 있다. 창업의 목적은 수익의 발생과 함께 부가가치를 올리며 일을 통해 즐거움과 보람을 느끼고 평생 직업으로서 꾸준히 운영해 가는 것이 아닐까?

오래 운영해온 꽃집이나 전문가의 플라워숍에서 교육도 받고 노하우를 전수받는 것이 성공의 확률이 높은 편이며 항상 최신 트랜드에 관심을 가지고 주변을 폭넓게 보며 마케팅 전략을 세워나가면 분명 당신의 창업은 성공할 것이다.

1) 고객만족 마케팅

친절, 청결, 고급화, 정보화를 통해 기본적인 고객만족도를 높여 움직이지 않는 고객층을 내방고객으로 확보하여 지속적인 관리를 한다.

2) 날씨 마케팅

비오는 날, 첫 눈 오는날 등 기후나 날씨에 초점을 맞추어 감성적인 고객을 대상으로 마케팅 전략을 세운다.

3) 특정 지역별 마케팅

특정 지역의 행사시기에 맞추어 단발적인 마케팅은 빠른 시기에 큰 효과를 낼 수 있다.

4) 고객 집단별 마케팅

유사한 특징을 갖는 고객을 집단화하여 시장을 공략하면 고객의 욕구를 보다 정확히 충족시킬 수 있기 때문에 마케팅 효과를 극대화할 수 있다.

5) 세미나식 마케팅
직장인이나 단체를 통한 무료 꽃꽂이 강좌 등을 열어 홍보 효과를 볼 수 있다.

6) 전략적 제휴에 의한 순회 마케팅
제과점과의 제휴, 협력업체와의 제휴 등

7) 캠페인식 마케팅
봉사단체나 후원회 등 이미지를 통해 마케팅에 접목시키는 방법

CHAPTER 10
상품구입

1. 생화의 유통과정

2. 전국 꽃도매 상가

1. 생화의 유통과정

산지에서 생산된 꽃은 절화 상태로 경매장을 통해 도매시장에 들어오거나 농장에서 직접 위탁판매로 도매시장으로 들어온다. 지방에 있는 도매시장은 대부분 수도권 도매시장을 거친 중간도매를 하는 실정이다.

도매상도 농장을 거래하는 곳의 상품의 종류가 다르므로 몇 군데 거래처를 확보하는 것이 좋은 꽃을 구매하기에 유리하다.

지역별로 알려진 규모가 큰 화훼공판장이나 도매상가에서는 생화 외에 관엽식물, 화분, 초화류, 등 식물 종류와 함께 소재, 부자재, 화기, 아트플라워 등도 함께 있으므로 원스톱 쇼핑이 가능하다.

관엽식물을 취급하는 화훼단지에서도 화분 및 부자재 구입도 가능하다.

2. 전국 꽃도매 상가

◆ 생화시장

| 서울 | ★ 양재동 화훼공판장 / 02.579.8100 / 서울 서초구 양재동 232
★ 반포 경부선 고속터미널 3층 / 02.592.8805 / 서울 서초구 반포동 19-1
★ 남대문 대도꽃도매상가 3층 / 02.777.1709 / 서울 중구 남창동 49

부산
★ 범일동 중앙시장 / 부산진구 범천동 1643
★ 양정 생화시장 / 부산 진구 동평로 420번길 18
★ 엄궁화훼단지 / 051.310.8800 / 부산 사상구 강변대로 512

대구
★ 칠성시장 꽃도매상가 / 대구 중구 태평로 233-1

대전
★ 둔산동 꽃도매상가 / 대전 서구 둔산북로 22
★ 오정동 꽃도매상가 / 대전 대덕구 오정동 10-9

광주
★ 광주 꽃도매상가 / 서구 매월동 954-1 화훼공판장

인천
★ 문학 화훼단지 / 인천 남구 매소홀로 535번길 36
★ 남동 화훼단지 / 인천 남동구 구월1동 807

◆ 관엽식물

서울 · 경기
★ 양재동 화훼 공판장
★ 과천 남서울 화훼단지 / 경기 과천시 물사랑로 241
★ 구파발 화훼단지 / 경기도 고양시 덕양구 지축동
★ 하남 화훼단지 / 서울 송파구 성내천로 17

부산
★ 해운대구 석대동 화훼단지 / 부산 해운대구 반송1동
★ 금정구 두구동 화훼단지

대구	★ 불로동 화훼단지 / 대구 동구 지저동 324
광주	★ 상무 화훼 유통단지 / 광주 광산구 상무대로419번길 140
인천	★ 문학 화훼단지 / 인천 남구 매소홀로 535번길 36
	★ 남동 화훼단지 / 인천 남동구 구월1동 807

CHAPTER 11
시즌 상품 준비

1. 시즌 상품 준비

2. 월별 행사

1. 시즌 상품 준비

시즌 데이 마케팅은 매월 행사일에 꽃과 선물을 주고받도록 특별한 아이디어로 매출을 올릴 수 있는 디자인을 고안해 내도록 한다.

2. 월별 행사

1월	14일	다이어리데이 / 연인끼리 일기장을 선물하는 날
2월	14일	★ 발렌타인데이 / 플라워박스 또는 바구니에 꽃과 함께 초코렛을 넣어 예쁘게 장식한다.
	22일	커플데이 / 2자가 세번 겹치는 날
3월	3일	삼겹살데이 / 축협이 양돈 농가의 소득을 올리기 위해 만든날
	14일	★ 화이트데이 / 캔디를 선물하는 날이지만 캔디와 초콜릿을 함께 주기도 한다. 발렌타인데이보다 생화의 매출이 많은 날이다.

4월	14일	파이데이 / 프랑스 수학자 자르투의 원주율 값 3.14를 고안한것을 기리는 날 (파이의 날, 원주율의 날)
		블랙데이 / 고백받지 못한 솔로들이 짜장면을 먹으며 위로하는 날
5월	음력 4월 8일	부처님오신날
	2일	오이데이 / 농촌진흥청이 오이농가의 소득을 늘리기 위해 지정
		오리데이 / 농협에서 오리고기 소비를 장려하기 위해 지정
	5일	어린이날
	8일	★ 어버이날 / 카네이션 화분, 코사지, 바구니가 많이 판매되는 날. 화분 준비는 2주 전부터 하고 꽃은 1주일 전부터 준비해야 한다. 빨간 카네이션을 주로 사용하지만 꽃말이 감사와 사랑이므로 장미를 사용하기도 하고 바구니의 경우 카네이션과 다른 꽃을 함께 사용해도 상관없다.
	14일	★ 로즈데이 / 장미꽃 다발이 주로 판매되며 한 송이장미 포장도 미리 해두면 좋다.
	15일	★ 스승의 날 / 배송될 꽃 상품은 미리 예약을 받는다. 감사의 뜻이 담긴 카네이션을 많이 찾는 편이다.
	셋째월요일	★ 성년의 날 / 20송이 장미와 향수선물이 기본
6월	14일	키스데이 / 연인끼리 가벼운 키스를 나누는 날
7월	14일	실버데이 / 연인들이 은반지를 주고받으며 미래를 약속하는 날
8월	14일	그린데이 / 연인끼리 시원한 그린을 찾아 산림욕을 해보는날

| 8월 | 14일 | 뮤직데이 / 음악이 있는곳에서 춤을 추며 즐기는 날 |

9월	9일	구구데이 / 농림부에서 닭고기 소비를 촉진시키기 위해 정한날
	14일	포토데이 / 연인이 함께 기념 사진을 찍는날
	17일	고백데이 / 100일 후 크리스마스

10월	4일	천사데이 / 어려운 사람을 도우며 착한일을 하는 날
	14일	와인데이 / 연인끼리 와인을 나눠 마시는 날
	24일	사과데이 / 학교폭력대책국민협의회가 제안한 날로써 둘(2)이 사과(4) 한다는 의미로 사과를 주고받으며 마음의 말을 나누는 날
	31일	할로윈데이 / 귀신 복장을 하고 집안을 차갑게 만들어 죽은 자의 영혼이 들어오는 것을 막았다는 풍습이 할로윈 데이의 시작

11월	11일	★ 빼빼로데이 / 업체의 마케팅 이벤트로 연간 매출액의 상당량을 판다
		농민의 날
	14일	오렌지데이, 무비데이 / 오렌지를 먹는날이라고도 하고 연인끼리 영화를 보는날

12월	14일	머니데이 / 그동안 멀어졌던 사람에게 작은 선물을 하는 날
		허그데이 / 연인끼리 포옹하는 날
		양말데이 / 양말을 선물 하는날
	25일	★ 크리스마스 / 한달 전부터 크리스마스 장식을 하고 트리와 리스, 갈란드를 판매상품으로 준비한다. 이브날은 주로 장미가 많이 판매된다.

CHAPTER 12
체인점 이용

체인점 이용

꽃집 상품은 가까이에서 거래가 이루어지는 게 대부분이지만 인터넷이 발달되어 있는 우리나라에서는 십여 년 전부터 전국 체인망을 통한 꽃배달 서비스가 거래되고 있다.

체인점을 통해 상품을 발주하거나 수주를 받기도 하는데 상호 간에 믿고 맡길 수 있는 업체가 있어야 안심하고 거래를 할 수 있다. 크레임이 발생할 경우 최종 책임은 내가 져야 하기 때문이다.

고객과의 약속은 신용이 우선되어야 하며 상품의 질이나 신속한 배달도 모든 책임은 주문을 받은 업체에서 책임을 져야 한다.

꽃배달 업체가 난무하는 요즘에는 생겼다가 바로 없어지는 업체도 가끔 있고 수발주의 균형이 없는 업체도 있으니 매사 꼼꼼히 알아보고 신용이 있으며 전국적으로 실력 있는 플로리스트가 많이 있는 업체를 선정하는 것이 현명하다.

통신판매업종으로 전국 꽃배달 가맹점 사업을 시작한 지 오래된 업체가 믿을 만하기는 하지만 일정 회원 수 이상은 가입이 되지 않는 업체도 있으니 잘 알아봐야 할 일이다.

예전에는 가맹점 계약 시 가입비를 받는 액수의 차이도 업체마다 달랐었지만 근래에는 가입비 없이 가맹점 계약을 하는 업체도 많이 생겨났다. 계약할 때 비용이 들지 않는 장점은 있지만 조건을 잘 살펴보고 재무구조가 튼튼하고 신뢰할 수 있는 업체를 선택하도록 한다.

◆ 전국 꽃배달 체인점 회사

한국 화원협회	꽃사세요	하프플라워	체인 플라워
베스트플라워	유니온 플라워	원플라워	리더스플라워
지구촌플라워	플라워몰	오케이플라워	오공플라워
탑플라워	한플라워	오즈플라워	시티플라워
훼미리그린플라워	화원114	모두 플라워	컬투꽃배달 등

CHAPTER 13
경영과 관리

1. 경영

2. 관리

1. 경영

부지런한 사람이 돈도 많이 번다

- 플라워숍을 운영하면서 마진을 많이 보려면 남들보다는 부지런해야 한다. 질 좋고 가격도 싼 꽃을 매입하기 위해서는 아침 일찍 꽃 시장을 나가는 일도 빈번하고 그래야만 다른 꽃집보다 좋은 꽃도 구입하고 귀해서 자주 볼 수 없는 꽃도 사 올 수도 있다.
- 디스플레이 할 때 먼저 팔고 싶은 것부터 눈에 잘 띄는 곳에 진열하는 것이 좋은 방법이다.
- 플라스틱 화분에 있는 식물을 고급 화분에 옮겨심고 작고 예쁜 소품으로 장식을 하면 하나밖에 없는 귀한 물건이 되어 매출을 높여주는 방법이 된다. 좋은 화분을 제작하기 위해선 상품의 질감이나 색채, 균형감이 있어야 한다.

- 진열을 보기 좋게 하는 것과 자주 진열상태를 바꾸어 주는 것도 매장관리에서 매우 중요한 부분이다.
- 출근하는 직장인들 보다 먼저 매장을 오픈하는 것도 매출을 올리는 방법이기도 하다.

고객 관리
- 꽃을 사러 온 고객과 자연스럽게 대화를 나누면서 꽃이 사용될 용도를 물어보며 기념일인지 생일인지 어떤 행사에 사용할 것 인지 알게 되면 잊지 않도록 메모를 해둔다.
- 사소한 대화 내용이라도 고객이 다시 방문했을 때 기억하기 좋도록 특징적인 것들을 적어두는 습관을 가지는 것이 좋다.
- 지난번에 구매했던 상품에 대해 먼저 대화를 시작하면서 안부도 묻고 취향이 어떤지 물어보며 친근감 있게 대하다 보면 점차 고객과의 연계성이 생긴다.
- 상품을 구매할 때마다 포인트를 적립하여 방문이나 주문 시 잔여 포인트를 알려주는 것도 재구매의 의욕을 주게 되므로 포인트 적립 관리를 잘 해주도록 한다.

고객 리스트
- 고객 관리를 위해 고객 리스트를 작성해서 상품을 구매한 내용과 날짜를 기재해두면 다음 해에 생일이나 기념일 등을 미리 알려주어 다시 재구매를 유발하도록 한다.
- 고객들의 생일에 안부 문자를 보내고 SNS를 통해 지속적인 정보를 전달하거나 신상품 정보 및 식물관리에 대한 책을 정기적으로 발송하여 고객과의 관계 유지에 노력한다.
- 영원한 평생 고객을 만들겠다는 정성으로 고객 관리를 하고 또한 영원한

내 고객은 없다는 생각으로 마음을 비우면 고객의 변심으로 인해 상처를 받거나 실망하는 일없이 숍을 운영하는 경영마인드가 생기게 될 것이다.
- 고객과의 대화는 상대방의 말을 많이 들어주고 원하는 상품이 무엇인지를 빨리 파악하여 필요한 것을 찾아서 고객이 만족한 상품을 가져가도록 한다.

고객 응대법
- 고객을 대하는 일은 진정한 서비스정신으로 임해야 한다.
- 친절한 매너로 반겨주고 상냥한 말투로 대화하고 조용히 말을 들어주고 원하는 것을 알아서 처리해주는 것이 고객만족에서 최상의 예 일 것이다.
- 고객을 대할 때는 항시 정중히 대하고 대화를 나눌 때는 충분히 상대의 말을 듣고 대답한다.
- 내방고객은 목적을 가지고 오는데 그것이 무엇인지 먼저 알아본다.

용도 어떤 목적으로 쓰일것인지? (생일, 축하, 출산, 개업, 병문안, 준공식, 취임 외)

상품의 종류 어떤 상품이 필요한지? (꽃다발, 꽃바구니, 난, 화분, 화환 외)

가격 비용을 어느정도 예산하는지? (되도록 예상 상품가격을 지켜주되 추가할 경우 필히 설명을 하고 양해를 구한 다음 제작한다.)

받는분 꽃을 받는 대상에 따라 꽃디자인, 색상을 결정 (성별, 연령대, 지위 외)

날짜 언제 드릴건지? (꽃을 사용할 필요한 날짜)

장소 어디에서 사용할건지? (직접전달, 배달장소)

- 꽃을 자주 사지 않던 분들은 꽃의 종류나 가격을 잘 모르는 경우가 많다. 용도를 물어보고 필요한 것을 추천하여 본인이 결정하도록 도와준다.
- 조용히 둘러보며 선뜻 질문을 하지 않는 내성적인 고객은 천천히 보도록 한 다음 상품에 대해 자세히 설명을 해주며 선택할 시간을 준다.
- 반면 몇 개의 상품을 놓고 선택을 못하여 갈등하는 고객은 결정을 도와줄 필요가 있다.
- 사람들마다 성격이 다르고 성품이 다르므로 나의 취향과도 다르다는 것을 생각하고 내 취향이나 매출만 생각하지 말고 고객의 예산에 맞는 금액에서 마땅한 상품을 찾아서 권한다.
- 진정한 경영이념을 세워 지켜나가도록 하며 고객과의 신뢰가 쌓여나가야 사업에 성공한다.

작은것에서부터 브랜드의 가치를 세워간다
- 숍의 운영을 효율적으로 하기 위하여 업무에 필요한 양식을 준비한다.
- 준비할 양식으로는 업무일지, 주문서, 인수증, 견적서, 청구서, 납품 내역서, 계산서, 봉투, 카드, 메모지 등이 있다.
- 되도록 자체 제작을 하는 것이 유용하며 제작시 플라워숍의 로고와 명칭, 전화번호를 넣어서 사용하면 간접적인 홍보와 숍의 이미지가치를 높이게 된다.

협력업체
숍&숍의 형태가 어려운 매장은 협력업체를 선정해 두는 것이 좋다. 이런 경우 서로가 협력업체로서 상품을 조달해주고 약간의 마진을 나누면 된다. 서로 협의 하에 프로 테이지를 결정하여 협력업체로 등록해두면 좋다.

풍선 아트	이벤트나 큰 행사에는 꽃과 더불어 장식에 풍선을 쓰기도 한다. 꽃으로 전체를 장식할 수 없는 경우에 풍선장식이 큰 효과를 줄 수 있다.

화장품 선물용 향수, 화장품, 바디제품은 생일, 성년의 날, 출산 등에 꽃과 함께 선물한다.

제과점 케이크, 초콜릿 및 제과류는 생일, 발렌타인데이, 화이트데이, 수능일에 꽃과 함께 사용한다.

2. 관리

꽃집 업무는 매입과 매출을 기재하는 장부정리에서 시작한다. 경영을 잘 하기 위해서는 재고 없이 상품을 판매하는 것이 우선이겠으나 꽃집 일은 살아있는 식물을 취급하는 관계로 매우 까다롭고 예민한 부분이 아닐 수 없다. 물건을 매입할 때는 품목별로 매입 날짜와 금액을 기재한다. 매출 역시 판매된 상품의 품목을 기재해야 재고가 얼마나 있는지 알 수 있다. 생화는 며칠 내로 소비되어야 하는 품목이지만 난이나 화분 종류는 때로는 관리하고 키워가면서 판매하는 상품이기 때문이다.

품명	날짜	매입		매출		재고		비고
		수량	금액	수량	금액	수량		

선물이나 서비스로 사용된 물건은 비고에 기재한다.

물건을 매입하면서 결제하는 금액은 계산서나 카드용지 등을 받아 보관해야 한다. 고객에게 발행한 계산서와 카드용지, 현금영수증도 모아 잘 보관했다가 일 년 결산을 하는 사업장 현황 신고시에 정확히 매입, 매출을 기재하여 세무서에 신고하는데 이때 총매출에서 매입금액과 필요 경비를 제하면 순 수입액이 나온다. 면세나 간이 사업자는 연 매출 4800만 원 이하 이면 세금에 신경 쓰지 않아도 되지만 이상일 경우 일반사업자로 전환되어 납부할 금액이 책정될 것이다. 일반사업자의 경우 부가가치세가 붙으므로 세금계산서를 발행하고 간이와 면세사업자는 계산서를 발행한다.

1) 부가가치세

매출액에 대한 세액에서 상품 매입시 부과된 세액을 공제하면 된다. 일반 꽃집은 해당사항이 없으나 과세의 상품(조화)을 함께 겸할 경우 해당된다.

· 부가가치세 = 매출세액(매출액 × 부가가치세율) − 매입세액(매입시 부과된 세액)

2) 소득세

개인이 얻은 소득에 대하여 부과하는 조세로 과세 대상은 1월 1일부터 12월 31일까지 1년분의 소득 금액으로 한다. 주소지 관할 세무서에 해당 연도의 다음 연도 5월 1일부터 5월 31일까지 납세지 관할 세무서장에게 신고하고 납부하는 세금으로 총 수입 금액에서 필요한 경비를 뺀 나머지가 연간 소득이다.

· 소득금액 = 연간수입금액 − 필요경비
· 산출세액 = (소득금액 − 소득공제) × 세율
· 납부할 세금 = 산출세액 − (세액공제 + 이미 낸 세금)

1. 좋은 상호 만들기

- 발음이 쉬워야 기억하기도 쉽다.
- 나만의 업종에 대한 장점을 반영한다.
- 동종 경쟁업체와 차별화해야 한다.
- 지나치게 유행 타는 상호는 피한다.
- 상호의 언어권을 고려한다.
- 상호가 정해지면 상표 검색을 해본다.
  특허청에 상호, 상표 등록하기.

2. 개성있는 매장 꾸미기

- 주인의 생각보다는 고객이 이용하는데 편리하도록 고객 중심의 편리성에 의해 설계한다.

- 매장의 주된 품목이 무엇인지 주요 고객은 어떤 사람인지가 전면에 표현 돼야 한다.
- 매장의 전면은 화려하기보다는 개성과 특성을 살리면서도 친근감 있고 대중적인 느낌을 주도록 한다.
- 간판, 쇼윈도, 출입문, 조명은 매장의 얼굴이며 첫인상이므로 고객으로 하여금 친근하게 접근하여 구매 욕구를 자극하도록 효과적으로 꾸며야 한다.
- 출입구는 최대한 넓게 이동 통로는 손님 중심으로 하고, 색깔은 밝은 단색이 상품을 돋보이게 한다.
- 조명과 소품을 활용하여 점포의 성격을 한눈에 보여주고 좁은 점포도 넓어 보이게 한다.

3. 개업 하기 전 다짐

- 자선사업을 하기 위해 창업한 것이 아니라면 흑자를 내기 위한 모든 방안을 강구해야 한다.
- 고통은 있는 그대로 받아들인다. 피하면 그만큼 더 고통이 가중된다.
- 눈앞의 작은 일에 조급해하면 장기적인 큰일을 도모할 수 없다.
- 믿음이 없으면 매장을 꾸려가지 못한다. 잘 된다는 확신을 가진다.
- 말은 더 이상 필요 없다. 실천만이 중요하다.
- 안 쓸 것이 아니라 제대로 써야 한다. 인색한 것과 검소한 것은 분명히 다르다.
- 아낄 수밖에 없는 환경을 만든다. 비용 절감 부분을 구체화한다.
- 원칙이 깨지면 모든 것이 무너진다. 기본 경영방침만큼은 확실히 지킨다.
- 갈대는 부러지지 않는다. 유연한 조직, 장사의 기본을 다시금 마음속에 새긴다.

- 고용은 엄격히, 관리는 편하게 하라. 어느 때보다 인재를 많이 구할 수 있는 시기이다.
- 이윤보다는 사람이 우선이다. 2~3사람의 몫을 하는 유능한 사람이 있다.
- 점포의 예언자가 되라. 우리 점포의 미래는 이렇다는 것을 확실히 밝힌다.
- 무조건 정직하라. 일관성이 중요하다.
- 공정하라. 말한 바를 반드시 실천한다.
- 자신의 부족한 면, 고쳐야 할 점에 대해 연구한다.
- 편견은 금물이다. 항상 입장을 바꾸어 생각한다.
- 초 관리를 한다. 시간을 아끼되 많은 것을 얻어라.
- 유머감각은 장사나 사회생활에 두루 도움이 된다.
- 남들과는 다른 자기만의 원칙을 세운다.
- 경험에 의존하지 말라. 과거의 방식으로는 새로운 길을 찾을 수 없다.
- 작아도 창의적인 점포를 만들어야 한다. 새로운 아이디어가 항상 샘솟아야 한다.
- 움직이면서 장사한다. 돌아다니면서 몸으로 사업의 흐름을 느낀다.
- 실수를 인정한다. 지금까지 잘못된 경영관행을 수정한다.
- 사소한 일도 '왜' 하는지를 분명히 한다. 모호함은 금물이다.

4. 성공하기 위한 경영주의 자세

- 항상 웃는 얼굴로 손님을 맞이한다.
- 올바른 접객 용어를 사용한다. (어서오십시오, 감사합니다, 10만 원을 받았습니다 등)
- 다른 업무를 보는 중이라도 손님의 요청이 있으면 즉각 접객에 응한다.
- 주문서나 견적서 글자는 누구나 알아보기 쉽게 반듯하게 쓴다.

- 손님의 불만이나 건의사항은 반드시 메모해 둔다.
- 진열은 기획대로 깔끔하게 갖춘다.
- 고객과의 약속시간은 정확하게 지킨다.
- 휴일은 정해놓고 쉬고 매장관리는 책임자가 한다.
- 매장 근무 중 개인적인 용도의 전화는 될 수 있는 한 삼가한다.
- 나이 어린 직원이라고 함부로 대하지 않는다.
- 외모는 항상 깔끔해야 한다.
- 직원의 의견을 잘 경청하고 자신의 의견을 알기 쉽게 설명한다.
- 손님이나 외부인 앞에선 직원을 야단치지 않는다.
- 일을 구체적으로 지시한다.
- 경비를 절약하는 구체적인 방법을 제시하고 실천한다.

5. 직원관리

일 잘하는 직원이 돈을 벌어 준다

- 직원을 자기의 사업 파트너로 생각하자.
- 직원을 가족처럼 생각하고 대하자.
- 직원에게 믿고 맡기자.
- 지시는 구체적으로 개인별로 하자.
- 희망인지, 명령인지를 분명하게 하자.
- 지시를 했으면 보고를 받자.
- 불만은 일이 끝난 후에 듣자.
- 결과에 대한 평가는 잊지 말자.
- 잘 되면 직원의 공, 잘못되면 주인인 나의 탓이라고 생각하자.

이런 직원 장사를 망친다
- 매사에 무관심한 직원
- 지나치게 말이 많고 수다스러운 직원
- 복장이 지저분한 직원
- 머리가 나쁜 직원
- 매출엔 전혀 관심 없는 직원
- 시간개념이 없는 직원
- 앉아 있기를 좋아하는 직원

창업의 성공 노하우는 근면함과 인간관계에서 결정된다고 본다.
고객이나 직원을 내 가족처럼 대하고 상대방의 의견을 잘 들어주고 그 마음을 이해하는 것에서부터 시작한다면 반은 성공하는 것이다.
고객의 마음을 열지 못하면 고객의 지갑도 열수 없다!
꽃을 사랑하는 마음으로 진심을 다해 고객을 대할 때 창업 성공은 자연히 찾아들 것이다!

〈자료 출처〉

· 소상공인 진흥원

· (사)한국플로리스트협회 | 2012, 2013 대한민국 화훼장식 기능경기대회 회원전 및 강사전 출품작 | 작가: 김아영, 김미연, 정삼옥, 백원희, 함영채, 강은경
  강사교육 작품: 이경옥

· 한국꽃꽂이 | 2009 도서출판 SAY 한국우리꽃예술연구회 | 작가: 강인식, 김경자, 김정수, 박선희, 박희준, 염성자, 이미자, 홍훈기

· 네이버 지식검색

〈외부사진협조〉

엔젤 플라워 | 042-824-8506 | 대전 유성구 원신흥동 568-7 (원신흥남로 27)

브르니아 플라워 | 070-4319-8808 | 서울 용산구 한남동 685-42

오신정 플라워 | 042-485-9953 | 대전 서구 둔산동 1457 현대아이텔

대전 어은동 한빛아파트 상가 내 꽃집

이츠플라워 | 042-862-5850, 042-862-5858 | 대전시 유성구 전민동 466-3

축복의 정원 | 042-545-2987 | 대전 서구 관저동 1517

플로스 플라워 | 051-468-3589 | 부산시 중구 중앙동5가 65-1번지 1층 101호

노은동 화훼단지 | 대전 유성구 북유성대로 30 ~ 노은동 63번지 일대

밀알플라워 | 032-432-6556 | 인천시 남동구 구월동 829-3

타샤의정원 | 042-488-8989 | 대전 서구 둔산동 2099

백합꽃집 | 042-488-6677 | 대전 서구 월평2동 266

라떼플로라 | 070-4809-3379 | 서울 중랑구 면목동 119-16

플라토피 | 042-485-1420 | 대전 서구 둔산1동 1475

에쁜꽃방 | 062-363-6925 | 광주 동구 중앙로169번길 14

로데오플라워 | 042-822-9001 | 대전 유성구 궁동 424-1 (대학로 151)

플라워월드 | 042-487-6200 | 대전 서구 둔산3동 2100 (둔산남로 175-1)

메리골드 | 010-2065-0408 | 천안시 북구 불당동 1383

플로레타 | 031-244-1583 | 수원시 장안구 송죽동 398-31

비앤박스 | 010-3715-9494 | gree-mall.co.kr

꽃집 창업 성공을 위한

플로리스트 가이드북

초판 1쇄 발행 2014년 01월 24일
초판 3쇄 발행 2018년 09월 10일

지은이	김정희 외 9명
발행인	이지영
디자인	Design Bloom 이은경·전유나

펴낸곳	도서출판 플로라
등록	2010년 9월 10일 제 2010-24호
주소	경기 파주시 회동길 325-22
전화	02.323.9850
팩스	02.6008.2036
대표메일	flowernews24@naver.com

ISBN 978-89-969985-5-6

이 책은 저작권법에 의해 보호받는 저작물이므로
도서출판 플로라의 서면 동의 없이는 복제 및 전사할 수 없습니다.

잘못된 책은 구입처에서 교환해 드립니다.
책값은 뒤표지에 있습니다.

이 도서의 국립중앙도서관 출판시도서목록(CIP)은 서지정보유통지원시스템 홈페이지(http://seoji.nl.go.kr)와
국가자료공동목록시스템(http://www.nl.go.kr/kolisnet)에서 이용하실 수 있습니다.
(CIP제어번호 : CIP2014001646)